U0614412

教育信息化背景下高校语文教学模式探索

谢雅丽 ◎ 著

吉林出版集团股份有限公司

图书在版编目（CIP）数据

教育信息化背景下高校语文教学模式探索 / 谢雅丽
著. — 长春：吉林出版集团股份有限公司，2024.4
ISBN 978-7-5731-4836-0

Ⅰ．①教… Ⅱ．①谢… Ⅲ．①大学语文课－教学研究

Ⅳ．①H19

中国国家版本馆 CIP 数据核字（2024）第 081636 号

教育信息化背景下高校语文教学模式探索

JIAOYU XINXIHUA BEIJINGXIA GAOXIAO YUWEN JIAOXUE MOSHI TANSUO

著　　者	谢雅丽
责任编辑	曲珊珊
封面设计	林　吉
开　　本	710mm×1000mm　　1/16
字　　数	176 千
印　　张	13
版　　次	2024 年 4 月第 1 版
印　　次	2024 年 4 月第 1 次印刷
出版发行	吉林出版集团股份有限公司
电　　话	总编办：010-63109269
	发行部：010-63109269
印　　刷	廊坊市广阳区九洲印刷厂

ISBN 978-7-5731-4836-0　　　　　　　　　　　　定价：78.00 元

前　言

作为高等学校的公共性教育课程，高校语文是语文教学过程中较为高级的一个阶段，也是高校较为重视的一门基础课程，旨在塑造大学生健全的人格和提高其语言文字运用能力。在人类生活、学习和工作中，所有内容都与语文有着密切的联系。学习语文，特别是高校语文，既能循序渐进地提高学生的思维能力和创造力，又能培养学生的审美能力和文字鉴赏能力，另外还能提高学生的语言运用能力，进而丰富和充盈学生的精神世界，提升学生的情商，使其人格趋于完善。所以，高校语文教学的作用不容小觑。因此，关注和研究高校语文教育教学具有十分重要的现实意义，对于大学生综合素质的提升起着促进作用。

"大学语文"是一门最具基础性、综合性的学科。它具有丰富的文化底蕴和人文内涵，是对大学生进行语言、阅读、表达能力训练和人文素质培养的重要基础课程之一。互联网技术的发展对高校的语文教学提出了更高的要求。此外，互联网开放、共享的特点，也促使大学语文教学模式不断进行改革。本书通过对高校语文教学模式、方法等方面的研究，提出了高校语文教学模式改革的思路，以供借鉴。

由于笔者知识和水平有限，书中错漏之处在所难免，恳请各位领导、专家、教师同行及阅读本书的朋友们多提宝贵意见，以便笔者不断改进与完善。

谢雅丽

2024 年 1 月

目　录

第一章 高校语文教学

第一节 高校语文内涵

高等职业教育学校（以下简称"高校"）以培养应用技术型人才为主要目标，是在完成中等教育的基础上培养出一批具有大学知识，又有一定专业技术和技能的人才，其知识的讲授是以能用为度，以实用为本。语文是语言和文字的简称，包括听、说、读、写等内容。高校语文课程主要通过让学生学习语言、文字的基本常识，来进一步提高高校学生的口语和书面表达能力，并让学生掌握一定的写作技巧，增强学生的审美能力、人文素养，为其专业课的学习和日后工作奠定坚实的基础。高校语文课程也是我国高等教育机构开设的一门主要课程，中国语文教科书一般讲授的是汉语文。在高校语文课程教学的探索和发展过程中，始终围绕着一个焦点问题：如何定位"大学语文"这门课程？这是最基本的、最重要的问题，它直接影响到课程目标、授课内容、考评办法及学生培养方案的制定。根据我国相关文件的精神，笔者提出了高校语文课程设置的基本目标是注重人文性，加强工具性，力求达到人文性、应用性与工具性的完美结合。

高校语文是高校根据学生发展要求而设定的专业性课程，是大学语文教学的一部分，也是各专业学生必修的公共基础课，一学年开设 64 个课时，通过课堂教学和课外实训重点培养学生文字书写、口语交际、文章赏析和实用写作四大能力，为学生专业课的学习和后续发展打好坚实的基础。高校语文应以服务为宗旨、以就业为导向、以应用能力为本位。高校语文以"文字与书法""语言与交际""课文解读""实用写作"四大模块内容为主体教材，以培养语文应用能力为核心，以"理论教学""技能训练""人文讲座"为基本模式，打破第一课堂与第二课堂的界限，在整个教学过程中突出应用性和针对性，注重技能实训与能力培养。

大学语文课程已有很长的开设历史，与我国教育事业的发展几乎是同步的。早在 1912 年，当京师大学堂更名为北京大学时，就提出了开设国文课的要求。在大部分高校的课程设置中，大学语文是必修课程。大学语文的教学目的是通过文学形式把中华民族的语言文化传承下去，使学生对本国语文的理解、欣赏和表达能力得到提高。

第二节　高校语文教学目标与特点

一、高校语文教学目标

高校教育是实施特殊专业课程计划的教育模式，它的目标是培养应用技术型人才。语文自身人文性强，虽然与职业教育背景下的工具价值契合度较低，然而作为基础性的学科，其依然对高校学生综合素质的提升有着重要作用。同时语文学习也是一系列综合因素相互作用的结果。知识经济时代要求我们提高语文的应用能力，通过语文学习提高社会活动能力，如公关、交际、商务、广告等。从一定程度上来说，语文教学与人类社会生活的方方面面密切相关，高校教育又以培养应用技术型人才为目标。因此，语文教育更应当注重应用能力的培养，高校语文教学要以实用为先导、结合专业要求，从听、说、读、写四方面发力，加上口头表达和书面表达的语文能力训练和阅读思考的语文知识训练，彻底改变过去那种"教师唯一""教材唯一""课堂唯一""讲授唯一""笔试唯一"的做法。努力实现三个转变，即由以教师为中心转变到以学生为中心，以讲授为中心转变到以讨论为中心，以固定课本为中心转变到以阅读课外文字材料为中心。

大学语文教育是高校学生学习各门学科的基础，也是奠定高校学生形成人文素养、塑造理想人格的重要基础。该课程旨在弘扬中华民族优秀文化、吸收人类的进步文化、改造国民素质、重铸人文精神，帮助高校学生学会"何以做人"，理解"为何而生"，实现个人价值与社会价值的统一，为今后就业和继续学习打下坚实基础。随着以计算机技术、多媒体技术和网络技术为代表的信息技术的发展及其在高校语文教育阵地的实践，通过运用现代化的现代教育技术方法和信息技术手段，高校语文教学工作的有效性逐渐增强，教学目标性逐步提升。当前高校语文教学的主要目标有以下几点：

其一，通过对中国文学的学习，提高欣赏水平。大学语文的教学，使学生对中国文学的发展情况、各种文体的特点和中华民族文化宝库中的瑰宝有比较清楚的认识和了解，进而感受中华民族的文学精神。引领善于观察的大学生走进文学所创设的意境，提升学生对文学的感悟能力和审美情趣，为他们今后的继续学习、持续发展打下坚实的基础。其二，深化汉语母语教育，提高高校学生语言表达能力。在教学中，大学语文为我们创造了一个将文学欣赏与语言素质教育结合起来的机会。民族文学是民族语言高级形态的应用，最能够凸显这种语言的魅力。其三，加强语文教学中的情感教育，发挥其人生向导的作用，实现教学的最终目标。在中国古代教育中语文这个概念是无所不包的。而在现代教育中，语文只是学生各门课程中的一门，情感教育是它区别于其他课程的主要教育功能。

目前，我国所有的高等院校都要求开设这门课程。尤其是从 20 世纪 90 年代中期开始，我国政府就大力提倡素质教育的发展，并日益重视大学语文对人文精神的培养。自 2004 年起研究生升学考试也把大学语文课程列入其中，这充分说明了大学语文教学课程在现代高校教育中占有举足轻重的地位，是一门不可缺少的教学课程。

二、高校语文教学特点

（一）高校语文应用性特征

近几年，高校学生数量下降和质量下滑的现状，给高校语文教育未来的发展提出了更高的要求。评价我们的学生好不好，最重要的指标之一就是其社会适应能力如何，对社会创造的价值大小，是不是做到了"学以致用"。以社会需要为依据，明确人才培养目标，在深化工学结合、校企合作、顶岗实习、人才培养模式的改革等方面，已经取得了很多成效。职业高校的语文课程教学应该采用"宽基础，活模块"的教学模式，使学生既有一定的基础理论、较强的实践操作能力和岗位适应的人文素质，也具有一定的社会竞争能力。教学目标是对接课程衔接和设置的核心，通过教学目标的全面对接，形成一个综合的"平台模块"课程总体结构体系。针对不同专业特点，组织语文教学，添加应用必需的课堂内容，根据学生今后安排的不同社会实践，体现"宽口径、多层次、多模块"的教学原则，即不限于书本知识，尽量贴近社会做知识延伸；从学生的基础知识入手，深度提高其笔头写作能力、口头表达能力，将课程的安排更接近专业特色，而对文言文和诗歌教学等板块，以抓基础教学为主，同时对学生进行审美熏陶，即文言文、诗歌板块注重的是审美熏陶，让学生从中感受美、理解美，培养审美情趣，提高他们的审美能力。职业高校语文教师应该主动增强课程的灵活性，打破传统的灌输式教学，增强教学的实用性和实践性，根据市场需求和区域经济的发展适当调整教学。

（二）高校语文人文性特征

何谓人文，《现代汉语词典》（第七版）解释，"指人类社会的各种文化现象。"《易传·象传·贲卦》称"刚柔交错，天文也；文明以止，人文也。观乎天文，以察时变；观乎人文，以化成天下"。这里的"人文"是与"天文"相对的。"天文"指日月星辰等的运行，从中我们能够辨识出大自然某种隐秘的运行机制，也即程颐言"天文谓日月星辰之错列，寒暑阴阳之代变。观其运行，以察四时之迁改也。""人文"则指人类社会的各种文化现象，程颐云"天文，天之理也；人文，人之道也。"人文的含义是非常广泛的，几乎涵盖了与人的活动有关的一切社会现象和文化现象。从这层意思理解，"人文"与"科学"本身并不是对立或并列的。因为从"人文"的词源上分析，它包含着科学，指的是"人类社会的各种文化现象"，自然科学当然不能例外，因为无人能够否认自然科学是人类的一种文化现象。人文涵盖着科学，科学是人文的内容之一。但是就自然科学涉及的研究对象来看，自然科学更多的是一种"天理之学"，人文科学更多的是一种"人道之学"。科学着重研究物质世界，人文着重研究精神世界，科学研究的方法是实证、逻辑，注重简约性和准确性，人文研究的方法主要是思辨和体悟，注重价值性和内心感受。科学研究的目的是为人类提供改造客观世界的工具，人文研究的目的是揭示人活着的目的与意义，促进人格的完善。

人文素养的灵魂，不是"能力"，而是"以人为对象、以人为中心的精神"，其核心内容是对人类生存意义和价值的关怀，这就是"人文精神"，也可以说是"人文系统"。人文素养其实是一种为人处世的基本的"德行""价值观"和"人生哲学"，科学精神、艺术精神和道德精神均包含其中。它追求人生和社会的美好境界，推崇人的感性和情感，看重人的想象性和生活的多样化。主张思想自由和个性解放是它的鲜明标志，它以人的价值、人的感受、人的尊严为万物的尺度。审美意识是主体对客观感性形象美学属性的能动反映，包括人的审美感觉、情趣、经验、观点和理想等。人的审美意识首先起源于人与自然的相互作用的过程中，自然物的色彩和形象特征如清澈、秀丽、壮观、优雅、净洁等，使人在作用过程中得到美的感受。并且，人也按照加强这种感受的方向来改造和保护环境，由此形成和发展了人的审美意识。审美意识与社会实践发展的水平有关，并受社会制约，但同时具有人的个性特征。在当代，审美意识和环境意识的相互渗透作用更加强化。审美意识是人类保护环境的一种情感动力，促进了环境意识的发展，并部分地渗入环境意识中成为重要内容之一。人对环境的审美经验、情趣、理想、观点等多种形式的审美意识，是环境意识必然包含的内容。

"人人皆可成才"是一种愿望和期许，如何转化为现实，还需要多方面的努力，也离不开扎实的专业课程学习。但是人文素养和完善的人格，则是一个学生必不可少的素质，它甚至比"成才"更加重要。

第三节 "互联网+"环境下语文教学的内涵及特点

一、"互联网+"环境下语文教学的内涵

2015年3月5日，十二届全国人大三次会议上首次提出"互联网+"行动计划。"互联网+"代表一种新的经济形态，即充分发挥互联网在生产要素配置中的优化和集成作用，将互联网的创新成果深度融合于经济社会各领域之中，提升实体经济的创新力和生产力，形成更广泛的以互联网为基础设施和实现工具的经济发展新形态。"互联网+"行动计划重点促进以云计算、物联网、大数据为代表的新一代信息技术与现代制造业、生产性服务业等的融合创新，发展壮大新兴业态，打造新的产业增长点，为大众创业、万众创新提供环境，为产业智能化提供支撑，增强新的经济发展动力，促进国民经济提质增效升级。

"互联网+"概念被写在《政府工作报告》中，可见国家对"互联网+"的重视程度，各界也纷纷解读这个概念的内涵与外延。"互联网+"的潜在含义，可以用一个"互联网+？＝？"的公式来表示。在这个公式里，只有一个因素是明确的，那就是互联网，后面加什么，可以自由联想。

创造心理学家们认为，创新思维的心理学机制就是二元联想。那么，"互联网＋"就是把互联网作为二元中的一元，另一元可以是任何东西，由此激发的创意可以是无限的。我们不妨从教育的角度来自由联想一番。

"互联网＋学校＝？"是现在的校校通班班通吗？是电子书包、电子白板进课堂吗？笔者的回答：是，又不是。将网络引进学校和课堂，是大势所趋，但这些只是硬件设备，如果我们不具备互联网思维，依然起不了任何作用。很多学校虽然联通了网络，却禁止学生在学校上网，连学生自带的手机和笔记本电脑，也要被没收；课堂上虽然也有了电脑，甚至每人一个平板电脑，且美其名曰"电子书包"，却只允许学生使用"电子书包"里事先制作的资源，最多只能上学校局域网中的教学平台，学习的内容也紧紧围绕教材和考试大纲，这与互联网何干？与互联网思维何干？

"互联网＋课堂＝？"是把实体课堂教学录像放到互联网上让大家看？是，又不是。将一些名校名师名课的视频放到网上，有助于优质资源的社会共享，促进教育公平。但如果只是简单照搬，效果不一定好。在网络学习中，要求学习者都花 40 分钟到 1 小时去看一堂课，显然不太适合，这也就是 10 分钟左右的微视频（微课，Micro Lecture）在网上流行的原因。网上学习个性化程度非常高，传统的"课"的概念应该有所改变，或许不再需要规定固定的上课下课时间，甚至不再拘泥于学科与专业知识体系结构，而是让学习者以问题为中心、以个人需要为中心，打破原来的学科知识体系，构建个性化的、有利于问题解决的知识结构。

"互联网＋教师＝？"的互联网时代，教师还能像从前那样一成不变地进行教学吗？教师职业还会永远是铁饭碗吗？恐怕未必。举个例子，如果有一天你讲的课，网上有一个老师比你讲得还要好，学生都跑到网上听课去了，你上课的时候大家都在台下玩手机，甚至质疑你讲的内容，你该怎么办？如果你所在的学校决定，让学生通过网络学习某一门公共课程，承认网络学习的学分，原来教这门课的老师会不会面临下岗？笔者曾经预言，未来的教师将分为两种：一种是线上讲公开课的明星教师，另一种是线下的辅导教师。你相信吗？

"互联网＋学生＝？"如果你是学生，你还会认为只有在课堂上才是学习吗？你走在路上，乘车，游戏，看手机，是不是学习？你还会认为只有考试得高分才意味着学习好吗？你还会认为只有书本里的知识才是有用的，网上的那些看上去零零散散的信息与知识都是无意义的吗？如果你不懂得将那些碎片化的知识整合成有用的知识体系，你将会落后时代一大截！

这样想下去你会发现，"互联网＋"不是一个简单的相加，加完之后一切都会发生改变，互联网是刀、是斧、是锯，将原来的一切都分解成碎片，再以互联网为中心重新组建起来，成为新的体系、新的结构。"互联网＋"的本质就是碎化与重构。

"互联网+"教育的结果，将会使未来的一切教与学活动都围绕互联网进行，老师在互联网上教，学生在互联网上学，信息在互联网上流动，知识在互联网上成形，线下的活动成为线上活动的补充与拓展。未来，整个社会将被互联网连接为一个整体，互联网成为社会这个有机体的大脑与神经中枢，其他方面反而变成它的肌体与末梢。一切事物或多或少都要经历一个从碎片化到重构的过程，这大概就是"互联网+"的全部内涵吧。

二、"互联网+"环境下语文教学的特点

网络信息资源的特点，决定了网络环境下语文教学的特点是教学内容的丰富性、教学时空的开放性、教学环境的情境性、学生学习的自主性和师生之间的互动性。

（一）教学内容的丰富性

网络是一个巨大的在线图书馆，信息内容丰富多样。利用互联网信息丰富、资源多样、传播快捷等优点，搜集信息，查阅资料，可以拓宽语文学习的渠道，采集广泛的知识，使学生的阅读面、知识面扩大，更好地学习语文。一般来说，可以以教材中的课文为核心，选择与之相关联的内容和信息，与其结合构成一个学习对象素材库，包括课文内容的分析解释、作者的介绍评价、课文涉及的相关知识点和对文章的评论等，这些资料可以是教师收集后输入，也可以是从网上下载，还可以给学生直接呈现相关

网站或网页的链接,或让学生进行主题搜索专题浏览。有一位教师在教授《威尼斯的小艇》一课时,课前先让学生上网浏览收集课文的相关内容。上课时,让学生交流课前查阅到的资料。课堂上,学生情绪高涨,课堂气氛异常活跃。有介绍意大利风土人情、威尼斯地理位置及其特点的,有介绍威尼斯市与我国苏州市结为友好城市的情况的,有介绍作者马克·吐温的作品的,还有展示自己打印的意大利地图、威尼斯小艇图片的。真可谓"功"在网络上,"利"在课堂中。"要想给别人一杯水,自己就应有一桶水",网络资源的丰富性、内容的多样性和广泛性可以较好地处理教师的有限知识和学生的无限需求之间的矛盾。

（二）教学时空的开放性

传统课堂教学由于时空的限制和评价标准的制约,学生的思维往往囿于课本或教师的教学思维框架之中,难以发展,难以突破。网络环境则可以为学生提供广阔的空间。计算机的互联,使每个网络终端都能够享受到每台服务器的丰富资源,网络互联所形成的海量信息为传统的教学内容拓展了无限的空间,使教育传播不受时间、地点、国界的局限,哪里有网络,哪里就有"教室",语文学习从时间和空间上向课外延伸,真正打破了明显的校园界限,改变了传统"课堂"的概念。学生的学习范围已不再局限于那一成不变的教材。从课堂学习到课外阅读,只要鼠标轻轻一点,古今中外,名篇巨著,尽收眼底。如在《敬畏生命》一文的教学中,授课教师提供了三个可发散延伸的空间，一是关于生命的渊源、成长等相关科学知识的空间，通过链接的相关网站，学生们可以充分了解生命的整个历程、不同生命体的生命经历和生命形态。二是关于现代社会一些青少年对待生命态度的新闻，特别是一些青少年的自杀事件，引起学生对生命意义与价值的警醒与深思。三是与课文内容相同或表现手法相同的文章，为学生提供比较、鉴别的内容，提高学生的文学欣赏和文学评价能力，加强对学生语文素质的熏陶。网络环境下语文教学的开放性还突破了教师辅导的局限性，网络可以轻松地实现单人和多人的对话，这就可以充分地发挥教师在教学过程中的指导作用，充分地体现了"因材施教"的教学理念。

（三）教学环境的情境性

网络大量的信息承载为学生提供了丰富的学习素材，并以其传输速度快、交互性渗透性强、多媒体超感官效果等特点，为学生创造出一个全新的虚拟空间。在这个空间里，学生可以接触或了解人类已知的一切，甚至学生想象到的或没有想象到的事物都可能存在其中。网络环境下产生的这种虚拟现实，给学生创造了一个身临其境的学习环境，学生从中获得类似真实的感受。如在《荷塘月色》的教学中，教师可以借助网络环境设计出如下画面：伴随着优雅的古琴曲《潇湘水云》，在淡淡的月光、朦胧的雾气的底图上，画面左边一朵桃红色的莲花徐徐开放，远景是亭亭玉立的荷叶和许多含苞待放的荷花。整个画面清新淡雅，有很浓的中国文化的意味，加上优雅的音乐，给人以鲜明的视听感受。学生们很容易被带入朱自清先生笔下所描绘的那种夹杂着淡淡的喜悦和淡淡的哀愁的境界。在这样的意境中，学生不仅可以欣赏到朱自清先生优美的散文语言，更能领略月下荷塘的静谧幽情，品味"牛乳中洗过一样"和"梵婀玲上奏着的名曲"是怎样一种意境。创设这样的情景能使学生跨越历史时空，去理解和感悟作者的思想观点。网络就这样凭借文本、声音、视频和动画整合的技术，为学生提供一个充满情感和理智的教学情景，看似苍白的言语表达化为生动的语境展示，通过语境的创设引领学生进入一个引人入胜、生动活泼的教学情景，实现了以景触情、以情促趣、以情促思。

（四）学生学习的自主性

改变学生的学习方式，让学生自主学习是本次课程改革的重点之一。网络环境下的语文教学，是一种以学生为中心、以参与为目的的新型教学模式。传统教学中，教师面对的是全体学生，教师所讲的知识点，对于某些同学来说有可能过难，造成这部分学生消化不了；而对有的同学来说则显得过易，致使这部分学生不够"吃"。网络的可选择性就可以很好地处理这个问题。网络环境下的语文教学把选择的权利交给了学生。学生在学习课文时，可以按照个人的需要进行选择，包括教学内容、教学方式、指导教师以及学习顺序的选择、学习时间的分配、重难点的认定、训练时机的把握和训练量大小的安排等，这样可以最大限度地发挥学生的主动性和积极性，为学生实现探究式、发现式学习创造有利条件。

（五）师生之间的互动性

互动性是现代教学理念的一个重要内容，主要体现在师生之间的交流和学生对教学的参与上。网络环境为师生交流和学生的主动参与提供了技术支持，使其成为可能。网络环境下的语文教学可以使师生充分运用QQ、微信、微博等方式进行交流互动。而在一些教学过程中，教师还可以让学生参与到教学设计中，如选择学习内容、设计学习程序和设计学习策略等。网络教学的这种交互性、合作性对于教学过程具有重要意义，改变了传统教育单向信息传递的模式，有利于发挥学生的主体作用。

第二章 高校语文教学课程改革的问题

第一节 高校语文课程的开设情况

大学语文课程一般作为一门公共必修课，在高校第一学年开设，既与高中阶段语文课程相衔接，是母语教育的延伸，也是学生走上职业岗位之前接受的最后阶段的语文教育。大学语文是高校教育体系中一门不可缺少的课程，当前大学语文课已经在全国各高校普遍开设。调查结果显示，大学语文课程集中在大一或者大二上半学年开设，绝大多数学校只开设一个学期的课程。对于本门课程的学科性质，在80%的高校中大学语文课是一门公共基础必修课，课程学分集中在2~3.5个学分区域，每周约2个课时。总体来说，尽管大学语文被定义为一门公共基础必修课，但是由于授课时间较少，仅仅开设一个学期，每周2个课时很难学到真正有用的知识，难以领悟大学语文的精神，可以推断，大学语文很难充分起到陶冶大学生情操、培养大学生人文精神、提高大学生审美情趣和写作能力的作用。1978年，大学语文在匡亚明等学者的号召下重新开设，至今已经走过40多个年头，在这段探索发展的过程中，课程定位是一个贯穿始终的问题。所谓课程定位，也就是明确本门课程是一门什么样的课，对学生的发展起到怎样的作用，这是大学语文课程建设最重要、最基础的问题，也是首先要面对的问题，所以认清高校语文教育的定位十分重要。

大学语文的重要性首先体现在基础性上。语文是一门综合性很强的学科，是其他各门学科的基础，直接影响着学生对知识、技能的理解和掌握，影响学生才能和潜质的发展和发挥。语文素养好，会对其他学科学习起到促进作用。因此，作为我国母语教育的大学语文课，它的学科性质首先表现在基础性上。无论是文科学生还是理工科学生，都应当具备扎实的语文功底，学好、用好祖国的语言文字，改善自己的知识结构，提高人文素养，如此才能满足自身在大学阶段的学习和未来工作、学习的需要。

其次，工具性语言是思维的工具和交流的工具，是知识和信息的载体。大学语文是一门语言类课程，这就决定了它的基本任务是让学生更好地掌握和使用母语这一工具，更好地思考问题，表达自我，与他人交流。同时，大学语文也是大学生学习其他知识、进行科学研究或者实践活动的必要工具，也是最根本的工具。可以说，工具性是语文的本质属性。大学语文的工具性主要包括学生的阅读、口语表达和应用写作几个方面，尤其是应用写作能力，无论什么专业的学生都会经常用到应用写作。因此，能够运用汉语言文字，准确地表达自己的专业思想，清晰地阐明自己的观点，是对学生大学语文应用写作能力的最低要求。

最后，人文性，又称为人文精神，是指整个人类文化所体现的根本精神，是人类文化创造的价值和理想，是对人的价值、人的生存意义的关注，它以追求真善美等价值理想为核心，以人的自由和全面发展为终极目的，是人类文明成果的思想内核。大学语文的人文性是指汉语言文字中所包含的民族文化，以及在教学实践中发挥民族文化的作用来发展学生的思想情感，培养学生健全的人格和完美的个性。大学语文主要是人文意义上的语文，人文性是其鲜明特征。大学语文中的"文"是指文学和文化，也就是文学作品和文章。然而，就文章讲文章或就作品讲作品，都是低层次的，没有技术含量的，文学必须注入文化才能找到其根源，体现其博大精深，语文课需要注入文化，才能提高课程的品位。因而，大学语文课程除文学之外，还应涉及历史、哲学、政治等相关的文化。大学语文的工具性和人文性不是孤立存在的，大学语文的工具性，使其区别于其他课程；大学语文的人文性，使其区别于其他工具。也就是说，大学语文的工具性，是融合了人文性的工具性，而大学语文的人文性又负载在其工具性上。工具性与人文性就是这样辩证统一的。

一、高校语文课程开设的困惑

（一）高校要不要开设大学语文课程存在争议

1.在高校人才培养的课程体系中没有明确的定位

各高校对大学语文课的认识差异很大。许多学校领导认为，高校学生主要是学职业技能，语文已经学了十几年，大学语文课学不学没关系。再加上学制短，总课时数少，在保证政治、英语等必开基础课的前提下，语文教学的课时能减则减，有的学校甚至完全"砍掉"语文课程，即使开设了语文课的学校，也存在开课时间短、学时数少、送学分的现象。大学语文在教学组织形式上以选修课、讲座形式进行授课，使大学语文课的教学目的难以达到。高校的语文课在高校教育中地位的逐渐丧失，反映了该课程在高校人才培养目标中定位出现偏差，也反映了人们对高校人才培养认识上的误区。高校的语文教育不仅缺少学科带头人，而且一线教师很少有人去思考课程本身存在的问题，也没有课程总体变革的决策权。高校语文将面临漠视化、弱势化，直至走向消亡。

2.高校语文课程目标自身的定位模糊

由于大环境的影响，高校语文的教学及研究长期处于一种自生自灭的状态，各职业院校之间几乎没有开展教学研讨活动。任课教师普遍教学情绪低落，对自身的处境和教学现状有诸多困惑和无奈。实际教学的随意性愈演愈烈，对课程目标的认识产生偏差不可避免。有的院校照搬普通本科院校教育思路，呈现理论知识至上的倾向，进一步加剧师生彼此的不满并形成恶性循环，有的沿袭中学语文的教育思路，表现出应试教育的特点，课堂气氛沉闷，这种做法容易加剧学生的厌学情绪，还有的课程定位与中职语文重复，虽然具有一定的职业化特点，但是课时往往被大量简单的日常交流能力训练或泛泛的应用文写作所占用，高校学生的语言能力得不到充分发展。

（二）开设什么内容的高校语文课程存在分歧

高校语文课到底教授什么？调查发现，实际教学中高校语文课程内容安排存在以下误区：

1.语言表达能力的训练是高校语文课的主要内容

关于该教什么的问题，不少学校选择应用文写作和口语表达训练作为大学语文课程的主要内容，教师们的意愿因人而异。许多高校的一年级就出现了应用文写作和口语交际课程。在考察相应教学实践后，笔者发现两个问题。其一，一般的请示报告写作和接听电话之类的语言表达训练停留在教师讲授层面，学生实际操作并未落实。即使部分学生在语文课堂中获得这种日常生活语言技巧的操练机会，也无法有效运用到实践中。其二，学生学习兴趣不高，课堂效率低下。在学生问卷中，普遍反映出学生对这两类教学内容的反感。这就容易导致语文教学环境进一步恶化。另外，有些学者和教师或是个别或是联合对教学内容提出建议，对高校语文的发展非常关心。这些教师谨慎地把社会要求、校方规定、学生需求、企业诉求联系起来，多方采纳意见，试图找到一种和谐的课堂氛围，但笔者发现实践中仍存在问题，如一线教师工作量普遍过大，又没有现成的语文教学内容可以满足各方面的诉求，最终教师采取折中的态度，用浅层次的日常语言表达训练来填充课程内容，"只要让学生动起来"的价值，超越了"为什么要让学生动起来"。事实上，语言训练盲目取代优秀文学作品阅读鉴赏，不仅不能促进学生语言能力的发展、加强学生的社会适应能力，反而容易让大众文化中消极、有害的一面在校园中广泛传播。

2. 和专业名称相关的文章就是高校语文阅读的内容

在高校语文课程改革中，牵强附会地理解"为专业学习服务"的现象比比皆是。这是一种轻率的概念认知，完全割裂了人文教育与专业教育之间的有机联系。较好的例子是园林设计专业，在学习中按人才培养目标要求学生学习绘画、美学、心理学等知识，目的是希望学生在园林设计时能突出视觉美感，展示形象、人文个性和城市品位等，侧重于对事物的感知能力的培养。此时，大学语文课程中配合呈现像《说园》这样点评古典园林的经典作品，学生的学习兴趣就会非常浓厚。此举不仅促进了学生专业理论知识学习，而且潜移默化地提升了学生的文学品位，学习感悟科学中的人文精神。语文课程选择这样的教学内容才能既包含技术学问，又论及文化的学问。

3.语文课就是给学生补缺补差

一方面有不少声音批评高校学生素质不高、错别字不断，应该加强语文基本功的训练。大量专业课教师抱怨学生考试时连题目都读不懂，问题根源就在于语文能力缺失，基础教育阶段的语文学习不扎实。于是不少高校的语文课程继续完成"识字""练字"的基础教育内容，高校语文课程定位在"高四语文"甚至语文基础补课班上，完全不能实现拓宽学生人文视野的目标和进行通识教育的理想。另一方面，大学语文课程又被赋予太多的重任，如学习文史知识、提高审美能力、培养综合素质、传承文化等，而多数院校课程设置学时较少，能力培养、素质提升的目标不可能由这样一门短小的课程完成。高校学生语文能力缺失的现状无法通过学习语文课程得到改观。

（三）选用选编教材存在偏差

我国的高等职业教育院校不少是在中专学校或成人院校的基础上发展起来的，语文教材建设跟不上高校教育发展的步伐，起初许多高校使用的语文教材只是在原有的中专教材或普通本科院校教材的基础上加以增删或重新编排而成。笔者认为高校语文教材选用的改革可以分为三个阶段，从

20 世纪末到 2004 年是第一阶段，特点是重视教材通用性和人文性。高校主要选用普通本科院校的《大学语文》教材，这些教材大多偏重中国传统文学阅读，尤其是中国古典文学作品。但是，由温儒敏主编、由江苏教育出版社出版的《高等语文》教材是全国首次正式引入专题编写概念的大学语文教材，它打破了以往教材惯有的文选讲解模式，分专题讲授语文知识，并引入阅读、思考和写作的综合模式。这部教材拉开了大学语文教材全面创新的序幕。

2005 年到 2006 年是第二阶段，除继续实践通识教育理想，这一阶段的鲜明特点是高校专用教材的出现，创新之处是把专业人才培养目标的研究深入语文教材编写中。随着高校教育的成熟和职教课程改革的推进，许多高校组织人员结合人才培养目标和高校学生的特点编制了不少新教材。这批教材普遍增设了实践环节，试图拉近与学生的距离，反映了高校教育的实用性、实践性特点。如适用于艺术类专业的高校语文教材，编者在编写说明中总结此教材中八个单元的阅读课文是按艺术创造的一般过程和艺术创造者的必要素质来建构。但由于高校语文教学相对封闭，缺乏相互的交流与合作，没有统一的组织或协会进行经验交流，此阶段的高校语文教材也难以推广。

2007 年以后的第三阶段，可称之为百花齐放，表现出教材编写人员来源多样、教材编写理念多样、编写体例多样、文选来源多样等特点。随着我国三个批次示范性高校的申报、评选和建设工作逐步展开，也迎来了课改的高潮。各高校语文教材的建设从选用外来教材慢慢过渡到重修、新编校本教材上来，语文校本教材建设和专业课程的校本教材建设集中进行。但多数院校没有完整的语文教学研究组织，校本教材实验研究的周期急剧缩短，校方只强调必须适合本校学生的专业特点，到底应当适合本专业哪些特点等实际问题并没有专门的研究和说法，教材内容的选择和开发有时只凭教师的个人喜好。如此这般，使得语文教学的随意性更大。

（四）高校语文课程的评价体系存在矛盾

有关高校语文课程评价体系的矛盾主要体现在两个层面：第一，"教学论概念系统"与"课程论概念系统"的评价混淆。随着我国教育界从教学研究向课程研究的转换，高校的教学管理也正在转向课程管理，这个过程其实是伴随"教学论概念系统"向"课程论概念系统"的转换而产生的。但是广大教师和院校长期受传统教育观念的影响，校教务处主持的课程评价一直被简单地理解为对教师所授科目的评价，评价内容停留在教学层面，如学生对教师授课满意度、学业成绩良好率、教师的教学文件是否齐备等。评价的方式也主要是学生调查、领导听课、学业考试等，教学评价的结果却用来衡量一门课程的好坏、增删、去留，这种做法显然是不合适的。但即使是教学层面上的评价也并没有全面开展。第二，评价内容与评价形式的矛盾。评价是大学语文教学的一个重要环节，也是一些老师感到棘手的一个难题，调查发现，高校语文教师普遍对语文教育界"知识与能力、过程与方法、情感态度与价值观"三个维度的课程评价内容不甚了解。日常教学中，教师们普遍依据的是围绕知识习得情况的学业成绩评定。不少高校要求教师进行学业评定时能结合结果和过程两种方式，分别评价学生知识经验和问题解决等过程的学习结果。但是实际情况是高校语文教学还是采用单一的命题考试来判别学生的学习结果，学业评定标准单一。考试的题型除作文外，多为客观题型，标准答案唯一，内容常局限在特定范围知识的记忆层面，缺少检验学生分析、解决问题能力，促进思维技巧提高的评价方式。

二、高校语文课程开设的问题

近年来，随着市场经济和高等教育大众化的到来，国家对职业教育的重视程度越来越高，中国高等职业教育迎来了春天。改革开放以来，高等职业教育院校可谓星罗棋布。随着高等职业教育院校招生人数的不断增多、招生规模的不断扩大，高职教育已占据中国整个高等教育的一半。然而，从高职院校设置的研究机构来看，很多高职院校将重点放在专业课程建设上，缺少对语言、文字教育的重视。

大学语文是高等职业教育阶段一门重要的公共课，学生通过学习大学语文可以拓宽自己的知识面，增长见识，提高自己的语言理解能力和应用能力，提升个人的人文素养。同时，也能为日后专业课程的学习奠定坚实的基础。但是，仍然有高校把注意力集中到理工学科或专业课程上，要求大学语文课程必须给这些专业课程让位。如此造成一些大学生的文学素养不高、语言知识薄弱、知识面狭窄、独立思考和解决问题的能力较差，更令人担忧的是，有少部分大学生不能使用标准流利的普通话进行日常口语交流，经常是使用普通话夹杂方言。因此，加强大学语文课程改革具有很强的现实意义。大学语文这门课程在我国走过了几十个年头，大学语文的教学工作虽取得了一定的成就，为国家培养了很多高素质的人才，但是我们也发现了诸多问题，必须对这些教学情况进行整改。

高校语文课程教学存在着以下问题：课程设置不合理；教师教学目的不明确；教学内容陈旧，不能适应当今社会发展的需要；教学方法单一、过时；学生借助智能手机，信息接触面比较广，对老师授课的内容不感兴趣；没有统一的教材和授课大纲；学生学习的积极性不高，甚至出现厌学、逃课现象；大学语文学科处于边缘化位置。上述这些问题已经严重限制了高校语文课程的发展，而且不利于高校学生整体素质的提升和创新能力的培养。当前，高校语文课程的教学模式不能为国家培养出一大批合格的"技能型应用人才"。因此，高校语文课程要取得良好的教学效果，必须改变当前现状。具体的课程开设问题体现在七个方面。

（一）定位模糊

首先，在高校人才培养的课程体系中，高校语文课程没有明确的定位。各校对高校语文课的认识不一，课程的开设与否也随意制定。有学校认为高校学生主要是学职业技能，大学语文课学不学没关系，再加上学制短，总课时数少，在保证政治、英语等必开基础课的前提下，语文教学的课时能减则减。有的学校开设了大学语文课，但只是象征性的每周 2 个课时。大学语文在教学组织形式上，或以选修课、讲座方式处理，或以大课方式处理，使大学语文课流于形式，教学目的难以达到。高校语文在高校教育中地位的日渐丧失，充分反映了该课程在高校人才培养目标中定位不明确，也反映出人们在高校人才培养认识上的误区。

其次，高校语文课程本身定位的模糊。各职业院校之间，很少开展高校语文教学研讨活动，教师教学信息闭塞，教学情绪低落，对自身的处境和教学现状有很多的困惑和无奈，很少有人去思考课程本身存在的问题和解决的办法。随之而来的是教学的随意性，要么硬搬普通本科院校的教材和思路，不顾教学对象的实际情况和接受能力；要么沿袭中学和中职的教学模式，重复着应试教育对学生的伤害。高校语文究竟要给学生带去什么，这门课程与高校人才培养目标的关系是什么，已成为该门课程亟待解决的问题。

（二）课时不足

随着高校的不断发展扩大及高校教育教学改革的深入与发展，我国高校的办学特色越来越鲜明，在专业课程设置上逐步走向科学、规范。然而，作为非专业类的高校语文课程，却处于被边缘化的境地，有些学校都无法保证 30~36 个学时的语文教学。为了给专业课"让路"，课时随意被削减，有时干脆被取消。这些都表明高校语文课程一直在专业课的夹缝中生存。

（三）教材落伍

我国的高等职业院校是近几年来才快速发展起来的，而且大多是在原来的中专院校或成人院校的基础上发展起来的。由于发展速度快，教材建设跟不上高校教育发展的步伐，故许多高校使用的语文教材只是在原有的中专教材或普通本科院校教材的基础上加以增删或重新编排而成，有的直接将普通本科院校的《大学语文》教材拿来使用，有些教材是 20 世纪 90 年代甚至是 80 年代编制出版的，教材内容大多偏重于文学，尤其是中国古典文学，极少或完全没有言语训练的内容。这与高校培养的目标及高校学生的特点极不相符。对于高校的学生来说，侧重于精英文学、经典文学的内容与他们的心理需求不相适应，教材的内容显得"繁、难、偏、旧"，编排上过于强调学科本位和知识的系统性，缺乏实践性的环节，与生活实际也相去甚远。这与高校教育要求实用性和实践性的教育特点极不相称，更不符合高校学生的学习层次，也不适应高校学生好动的特点，所以教学内容显得陈旧落伍。

由于语文教学目标不明确，又没有教学大纲，高校的语文教材可以说是五花八门。即使有个别高校在语文教材的编制上取得一些进步，值得其他院校借鉴，但由于高校语文教学相对封闭，缺乏交流与合作，教材也难以推广。有关高校语文教育的研究机构也很少，据笔者所知，作为一家专门研究高校语文的科研机构——湖南省高职语文教学专业委员会，运营上也是困难重重，举步维艰。

（四）教法陈旧

教学内容陈旧，缺乏实践的教学内容。目前，高校语文学科的教学方法，基本上采用普通本科院校的讲授型教学方法。语文教师仍以以往那种"知识灌输""填鸭式"的旧的教学方式来指导自己的教学行为，不考虑高校学生的特点。学生完全处于被动的"知识接受"的状态，而教师教学也囿于书本，教学涵盖面极为狭窄。本应"学术自由、兼容并包"的高校课堂变成了一家之言的照本宣科，扼杀了学生的学习兴趣，限制了其思维发展。这种狭隘的教学思想以及单一的教学方式束缚了学生的创新思维，阻碍了学生能力的发展，不但与高校"要培养大量的高技能创新型人才"的教育目标不相适应，还导致学生对语文课不感兴趣甚至厌学。

在今天，随着高等教育的大众化，一个人想凭从书本上死记硬背得来的知识在社会上立足已不可能，这是不争的事实。在这个竞争如此激烈的现代社会，要想在其中立于不败之地，除要具备相关的专业知识技能外，还要看谁更能独当一面，谁更善于表达、善于交际、更具有合作创新和开拓进取精神。目前，高校的语文教学，多数还停留在"一支粉笔一张嘴、一本教案走天下"的时代，语文教师很少运用现代化的教学工具。即使有用的，也多是将电子稿代替手写或干脆放一段视频代替老师讲课，意义不大，没有真正将多媒体的功能利用起来。

（五）知识本位

高校语文教学仍以知识教学为主，忽视对学生人文素养的培养，缺乏"语文味"。走进今天的高校语文课堂，我们很难聆听到具有足够"语文味"的真正的语文课。语文学科内容的最大特点就是包罗万象，上有天文，下有地理，古今中外无所不包。语文又是一门博大精深的学科，所以，没有开阔的视野，不知晓古今中外，不会触类旁通，没有足够的宽度和深度就没有货真价实的语文教学。今天的高校语文教学，依然囿于"教材"这个狭小的天地而故步自封，语文教师仍以教材为中心，以知识教学为本，很少有联系学生生活实际和深入探究的学习，教学视野狭窄；语文教学依然沿用中学的字、词、句、段的分析概括，教学内容支离破碎。教师教得乏味，学生听得枯燥。语文学科的人文性决定了它是具有与众不同的审美价值的学科。高校的《大学语文》教材所选的文章大都是文质兼美的经典文学，然而在实际的高校语文课堂上，学生却很难接受到审美韵味的熏陶。一旦语文教学中抽掉了"审美"这一环节，语文课堂将会变得黯然失色、枯燥乏味。

（六）学生厌学

那么高校学生语文学习情况到底如何呢？相当一部分学生基础知识不牢，作文语句不通，不注重行文逻辑，错别字百出。结合十几年的教学经历，由中专转制到大专，笔者深有感触，由于扩招，学生素质参差不齐。笔者在平时给学生批改作业时，常常要花许多时间给他们修改病句和错别字，改错的时间往往要大于看内容的时间，鲜有文句流畅、内容丰富充实的高水平作文。现在的高校学生课外阅读量少，将中国四大古典名著的文本全部阅读过的不多，几乎谈不上什么欣赏水平，语言表达能力一般，组织关于文学的课堂讨论时，气氛非常冷淡。由于对语文学习兴趣不浓，又加上课下时间紧，学生根本不愿意将时间花在他们认为没用的经典文学阅读上。老师给布置的课下名著阅读欣赏学生往往不去完成，普遍缺少责任心，所以高校的语文教师教得费劲，学生学得也没趣。因为学生语文基础薄弱，所以分析判断等思维能力跟不上，对语文失去兴趣，进而厌学甚至逃学。

（七）考评单一

高校的培养目标是以就业为导向，培养工作一线的应用型、技能型人才。故对学生的考评理应将重点放在实践技能和应用能力的考查上。然而，目前高校的语文教学考评方式主要以课程结束时的一张考卷来评定学生的学业成绩，而且考试往往是采用"谁带课谁命题"的方式。任课教师考试命题的内容也往往拘泥于教材上所讲授的内容，侧重知识的掌握，考查记忆的内容较多。这种考核方法难以全面考查学生的语文能力，况且这种"一卷定乾坤"的方式使学生不注重平时的学习，临考前突击复习，导致学生学习纯粹是为了考试过关，限制了学生创新意识和创新能力的发展。因为考试成绩的高低，不仅直接关系到学生的升学毕业，还是学生获取奖学金和评定三好学生甚至找工作的重要依据，这种考核方式使得学生走入片面追求分数的误区，非常不利于语文教学所提倡的人文素质的培养与内化，亟须改革。

第二节　高校语文课程的教学模式

一、高校语文传统教学模式

高校语文传统教学模式是在高等职业教育学校语文教学中教师通过讲解、板书和多媒体设备作为教学手段和方法向学生传授知识的一种课堂教学形式。其特点是以教师为中心，以言语和板书为手段，向学生灌输式地传授知识，学生只能统一、单向、被动地接受教师灌输的知识。这种模式的基本程序是组织教学—复习旧课—导入新课—讲授新课—巩固新课—布置作业。这种教学模式在高校语文教学中仍占主流，缺陷日益突出。处于认知主体地位的学生，在整个教学过程中始终处于被动接受知识的地位，学生的学习主动性被忽视，被压抑。语文学习习惯不好、学习兴趣不浓的高校学生长期在这种传统模式下发挥不了学习的主动性，学习兴趣越来越低，出现厌学情绪，教学效果肯定不好。这显然与当前社会对高等职业教育的人才培养的要求不符合。其缺点表现在四个方面：第一，不适合高校学生的个性特点。高校学生学习习惯、观念、学习方法、兴趣等差异大，对知识的接受能力各不相同，在传统的高校语文教学中教师施教面对全体学生，不管学生成绩好坏、知识水平高低，都只能紧跟教师节奏以同样的速度学习同样的内容，限制了学生个性的发展和自身素质的提高。第二，角色的错位。教师是主动施教者，学生是被动接受者。学生是发展中的人，他们的成长是第一位的，学生才是学习的主人和教学的主体，教师在学生的成长中起辅助作用。而高校传统语文教学中教师变成了中心，教学是"满堂灌"，严重扼杀了学生的主体精神和创造能力。第三，教学组织形式不灵活。现在的高校学生是2000年以后出生的，是在电视和网络环境中长大的，个性明显，喜欢交流。而高校传统语文教学组织形式固定化、形式化，不便于交流，限制了学生个性的发展。第四，学习效率低。高校语文传统教学模式教学信息容量小、学习效率低，教学活动一直以教师为中心，忽视了学生的发展，不能及时将新知识、新发展理念纳入教学框架，造成高等职业教育跟不上社会发展，而高等职业教育学校学生毕业后直接走入社会，易出现与社会衔接不顺畅的状况。单一的灌输式教学易使学生疲劳，产生厌倦情绪，学习效果不好，出现课上睡觉、讲闲话等现象。

二、"互联网+"环境下高校教学模式的转变

（一）高校传统教学模式反思

随着信息社会的飞速发展，新课程改革的大力实施，传统高校语文教学模式的弊端日渐显现，已难以适应时代发展的需求，成为教育发展的"绊脚石"。以计算机、多媒体和网络技术为代表的现代信息技术，对高校语文教学造成了巨大的冲击，使传统高校语文教学面临着严峻的挑战。其中，语文教学模式、教学环境、教学媒体、教学过程、师生角色方面的变化最为显著。

1.教学模式及程序的变化

传统教学模式的典型代表是凯洛夫的"六环节综合课教学模式"，即"组织教学—复习旧课—导入新课—讲授新课—巩固新课—布置作业"。长期以来，这一"独步教坛"的教学模式，以教师为中心，注重教法、教具，注重课堂氛围，注重师生交流；然而，这种传统教学方法却不能培养学生高级思维和解决问题的能力，因而受到广泛的批评。近年来，随着以多媒

体计算机和网络技术为核心的现代信息技术的发展，新的教学模式应运而生。如李克东教授提出的基于校园网环境的合作学习模式、基于因特网的小组合作网页创作——远程协作学习模式、基于学科网站的自主学习模式，又如，何克抗教授提出的讲授、个别辅导、讨论、探索、协作等五类网络教学模式，这些以学生为主体的信息化教学模式给传统高校语文教学带来了巨大冲击。

2. 教学环境的变化

传统的教学环境观认为，教学环境是由学校建筑、教室、图书馆、实验室及家庭中的学习区域所组成的学习场所。我们所熟悉的传统教学环境通常是由一间教室、一块黑板、一支粉笔、一张讲台构成。这种教学环境是静态的、固定的，缺乏变化。现代教学环境是指对教学的发生和发展产生制约和控制作用的多维空间和多元因素的环境系统。在现代的教学活动中，信息技术为高校语文教学提供了丰富的教学环境。多媒体网络教室、校园网、计算机网络教室、电子阅览室、互联网……这些都已成为现代学校教学环境的新内容。现代教学环境系统以各种形式与外界环境进行信息交流，且信息交流呈交互性，客观上为学生提供了良好的自主学习环境。

3. 教学媒体作用的转变

教学媒体是指在教学过程中传递教育信息的载体和中介。传统教学媒体在教师口头语言的基础上，为更丰富地传递信息而加入了一些简单的媒体材料，如书本、图片、画册、黑板、模型、实物、小型展览等，它们在形象性、信息显示以及知识内容的呈现方面存在着明显的劣势。传统教学媒体受技术水平的限制，不能在课堂中创设形象生动的情境；受时空的限制，传统教学媒体无法在课堂中传播大量的信息。同时，在知识内容的呈现方面，传统教学媒体显得单调、呆板，难以激发学生的学习兴趣。随着现代信息技术的发展，传统教学媒体正逐渐向现代教学媒体转变。现代教学媒体具备传统教学媒体无法比拟的优势，它集声音、图像、文字等多种功能于一体，悦耳动听的音乐、活灵活现的动画充分调动了学生的各种感官，为课堂营造出活泼生动的学习环境，有利于学生主动探索、主动发现，激发学习兴趣。

4.教学方式及过程的转变

教学方式指各种教学方法的配合方式，不仅包括教师进行教学的方法，而且包括学生进行学习的方法以及整个教学组织的方式。"传授知识和技能"是传统教学的主要任务，在教学过程中以教师为中心，教师是教学的领导者、统治者，教学只注重如何"教"，而对学生如何"学"，考虑较少；传统教学一味追求高分、高升学率，是一种应试教育，教学方法也是采用传统的机械式教学、灌输式教学。现代教学过程为适应现代社会的发展，除了传授知识和技能,还需要注重培养学生的综合素质。教学过程以学生为中心，强调如何"学"，培养学生自主探究、自主学习的能力和分析问题、解决问题的能力。现代教育是一种素质教育，它以学生的创新能力、综合素质，作为衡量教学效果的标准。

5. 师生角色及关系的变化

随着教育改革的深入，教师与学生的角色、地位和相互关系受到很大的冲击。教师不再是知识的权威，学生也不再是被动地接受知识的机器。教师的中心地位被学生代替，教师由知识的传授者变为学生学习的促进者、学生的心理辅导者等角色。在传统的教育观念中，讲究"师道尊严"，教师是知识和真理的化身，对学生有绝对权威。随着信息技术的普及，学生获取知识的渠道拓宽了，教师已不是学生获取知识的唯一来源，学生可以随时随地通过网络获取自己所需的信息。信息时代，教师的角色发生了改变，由知识的传递者转变为学生学习的促进者。在学生的整个学习过程中，教师不仅站在"路边"做"向导"，还置身其中，参与学生的学习活动。如组织学生进行同伴互教、小组讨论、小组课题的合作学习活动以及引导学生进行"网上的相互交流""讨论"等。现代教育技术的广泛应用，给学生的地位也带来了一定的影响。学生从被动接受知识转变为主动探索，由过去的"要我学"变为"我要学"，学生的积极性、主动性加强了。在传统教学中，学生主要通过教师、教材来获取信息，但自从有了计算机及网络后，情形就大不相同了，学生可以随时随地获取信息资源。学生的学习方式随着现代信息技术的广泛应用发生了改变，由过去的被动接受知识转变为主动探索知识，实现了真正意义上的"发现学习"。

（二）新的教学模式

目前的高校语文教学状况已经说明，高校语文传统教学模式已经难以适应信息社会中知识爆炸式增长和迅速更新换代下的教育需求。袁振国曾指出："教育处在不停顿的改革之中已成为现代教育的一个基本特征。"[①]与此同时，我国的网络教育中缺乏对网络环境下人类学习活动的系统了解，在改革中存在"黑板搬家""教科书搬家"的现象。大多数高校语文教师使用信息技术的目的只是在课堂上省略板书，虽有计算机网络、多媒体课件、投影仪等新元素的参与，看似完全不同于传统的教学，但其实是传统教学的照搬，真可谓"穿新鞋，走老路"，违背网络教育规律，网络教学绩效难以显现。所以，探索现代网络教育环境下的高校语文教学模式势在必行，这是由教育教学规律决定的。在众多的语文网络教学模式中，笔者选取了三种模式分别进行分析探讨。

1. 网络环境下个别化辅导型教学模式

网络环境下个别化辅导型教学是指"以个体各自特点为出发点，以发展个性为目标，以服务社会为归宿，以适应个人需要为原则，以学生自我管理和自主学习为活动方式的教学"。个别化辅导型教学模式的特点是：

---

① 袁振国：《中国教育政策评论》，教育科学出版社 2005 年版。

以学生为中心。主要教学模块包括电子课本、作业、邮件、通知、聊天（在线交流）。

2. 网络协作型教学模式

网络协作型教学模式是"一种在讲授式学习模式和个别化辅导型教学模式的基础上发展而来的教学模式，是指教师利用计算机网络以及多媒体等相关技术，由处于不同地理位置的多个学习者或在多媒体网络教室中的学习者，在交流与合作中共同完成某项教学任务与教学活动"。学习者根据合作主题，借助网络通信工具结成学习伙伴，协商设计合作方案，讨论探索，展开合作行动，最终完成学习任务，以达到对教学内容的理解与掌握。和个别化辅导型教学模式相比，网络协作型教学模式更有利于促进学生高级认知能力的发展，以及有利于学生健康情感的形成。协作学习把一个小组当作一个认知系统，这个系统关注的不是个人的贡献，而是与他人、与环境的交互作用。协作学习之所以有效，是因为学生学会的是交互式思考的方式。协作学习的优势在于：一，在同伴间进行协作学习要胜过个人的努力。协作学习让学习者拓宽了思维，可以从别人那里获得不同的观点和意见，从而实现资源共享。他们共享的不仅是学习的资源、学习的过程，更是智慧的结晶。二，协作学习中师生处于平等的地位。协作学习时，大家处于同样的学习环境，拥有同样的网络学习资源，而且网络的隔离性也为性格内向的学生减少了面对面交流带来的压力。在这样的学习环境中，师生可以平等对话，不必过于考虑对方的身份地位，这样更有利于解决教学中的问题。三，在群体中学习，通常能促使学习者产生强烈的学习动机，更让学习者对团体产生参与感、认同感与归属感。这些需要与同伴相互作用才能够产生的心理需求，是传统课堂教学与独自的个别化学习环境中所缺乏的。

3.网络自主探究型教学模式

网络自主探究型教学模式一般是由学科教师设立一些适合于学生的有待解决的问题，通过班级交流群向学生发布，启动引导学生解答与进行专题自主探究学习的方式。与此同时，教师提供大量的与问题相关的资源供学生在解决问题过程中查阅。学生可以在与同一中心计算机连接的各个终端学习，教师可以通过计算机按照每个学生对教学的反馈而分别组织教学和把控教学进度，甚至诊断学生的学习需要，提供适合他们的教材和活动。因实现网络自主探究型教学模式的技术简单，价格相对低廉，而且又能有效地促进学生学习的积极性、主动性和创造性，能够克服传统教学过程中的弊端，所以在教学中有广阔的应用前景。自主探究学习的具体步骤是：

（1）自主学习。指学生在自主性的支配下，自觉地完成学习任务。

（2）发现问题。指在学生自主学习的基础上发现问题，大胆质疑，发现问题是自主学习的前提。

（3）明确主题。在学生提出的众多问题中，老师可和学生一起商讨，最终确定自主探究学习的主题，为学生继续学习指明方向，明确内容。

（4）查询资料。主题明确之后，学生可以利用尽可能多的方式、方法收集查询相关资料。鼓励学生除了利用传统手段，如书刊、音像资料，还可以运用信息技术，如网络、多媒体软件来收集更多的资料。查询资料是自主学习的基础。

（5）提炼观点。在查询资料的基础上，学生通过分析材料提炼出自己的观点，从而促进自己思维的条理化、集中化。

（6）得出结论。学生把自己的思考所得在协作交流之后，用分析、比较、综合、提炼等方法得出最终结论，并形成书面文字或电子作品，从而培养学生形象思维和逻辑思维的能力。

（7）交流评价。给学生以充分讨论、交流的时间和空间，使学生通过相互之间的讨论、交流、评价进一步完善自己的自主学习成果，从而达到培养学生自主探究的学习精神，促进学生自主学习能力提高的目的。

（8）反馈。学生把所学知识通过交流反馈给教师，教师在师生评议基础上，可予以点拨，以便形成共识。同时，教师还可以把学生完成情况作为参照系，总结调整自己的教法，使它不断适应学生学习中出现的新情况，从而达到提高学生自主学习能力的目的。

第三节 高校语文课程改革的合作参与

现今，我国高校课程改革的一个重大突破就是"教师赋权"。包括非专业课程教师在内的高校师资队伍出现广泛的合作性活动，正在建构开发以项目课体系为代表的一系列民主化的课程，课程开发研究过程逐渐打破了传统的教师个人主义文化。各地各行业职教集团的涌现为这种合作提供了除院校以外的又一个平台。

一、与专业课教师的合作

语文教师与专业课教师的交往常常发生在校园。语文教师相对专业课教师来说处于弱势地位，课题组成员明确表示对专业系部人员不熟悉，工作交往不频繁，个人交际范围很有限。在高校教育迅速发展的这几年，语文教师的专业发展明显落后于专业课教师，这也进一步加剧了部分专业课教师对非专业课教师的漠视。在此背景下，语文教师与专业课教师的合作基础薄弱，双方几乎没有分享经验的正式途径。阻碍双方合作的除了双方之间缺乏尊重和诚意，更主要的是双方利益存在冲突。在对课题组的观察中，笔者发现在课改观点上双方存在对立并常有猜疑。

二、与行业企业专家的合作

理想状态下，语文教师可以利用职教集团的平台，通过校内专业系部教师的协助来了解行业企业的发展及其对学生人文素养的新要求。调查发现，课题组对与行业企业合作进行课改非常重视，在合作商洽的时间、合作信任度、相互尊重程度等多个方面远远超过了与校内专业课教师合作。随着合作的深入，课题组逐渐跳过专业课教师，直接从行业企业专家处获得所需知识，并积极交流研讨，合作制定决策。不少行业企业专家表现出对课改的兴趣和重视，认为当前工作具有重大意义。但不可避免的是有的行业企业专家认为这种合作没有吸引力，合作制定决策是多余的，存在泄露行业秘密等风险。于是，与行业企业专家的合作关系的发展，很大程度上倚重双方的教育观念、个人素养和社会责任感。

三、与课程专家的合作

无论是职教课程专家还是语文教育专家，都没有成为高校语文课改的主要支持力量，相反，发生了学科专家被排除在外的现象。我国基础教育的多次课程改革一般都遵循从上至下的顺序，由学科教育专家—教研员——线教师依次而行，通过反馈再修正，课程专家是主要的推动力量之一。但是本次高校课改却是逆行的，一线教师自主改革的动机明确，他们发现高校教育系统中资深的语文课程专家凤毛麟角，合作机会有限，不少课程专家的理念与自己的课改观念存在较大冲突，合作难度过大，合作中自主权丧失，缺乏与跨学科、跨专业课程专家的合作。

四、与家长等社会力量的合作

社会力量成为合作参与课改的重要辅助力量，社会力量主要包括毕业生、家长、社区等。观察发现，课题组的合作中大量利用学生资源并发挥了很好的作用，有的学生已经成长为行业企业专家，有的学生家长是行业企业专家，有的学生引荐了行业企业专家，有的学生提供了场地、经费等其他支持要素。与社会力量合作已经成为比正式组织更简便有效的合作方式，与社会力量合作是利用合作力而不是控制力来促进研究和实践的积极对话，群体共同工作，责任分担并且高度信任，是超越校内合作、行业合作的最成功的合作。与社会力量合作的问题存在于相互依存的合作中，可能由于学生资源的变动带来不确定性，同时由于人脉资源的差别导致合作教师间以及学生和教师间的权利结构发生变化。

合作参与课程改革的问题除以上外部合作产生的问题外，还有来自语文教师群体内部的压力，如教师需要投入更多的时间、需要准备更多的材料、需要学习新的知识技能和教学模式、需要管理合作组织等。这些压力都可能导致合作的表面化。

第四节　高校语文教学发展的主要制约因素

一、学校方面

近几年来，由于国家放开了对招生的限制，因此，中国大部分职业学校有权决定招生的情况，并且学生们也可以自由选择专业，同时，招生的情况和学生自由选择专业两者都与学校发展息息相关。在这一市场化浪潮的影响下，那些发展策略比较好的学校可以招收更多的学生，并且学生的就业情况普遍较好，这对学校的发展也会形成正反馈，学校也有更多的资金用来对教学实施投入，同时，学校也有能力提高老师的工资。这反过来也可以促进老师对教学工作的热忱，而这对教学效果也会产生积极影响。

相反，那些发展政策有失偏颇的学校则在这一市场化浪潮的过程中败下阵来。由于他们在学生数量以及学生就业质量上都表现得不尽如人意，学校也缺乏足够的资金来推动学校发展更上一层楼，学校的发展岌岌可危。而为了避免这种情况的发生，负责学校运营的有关人员便只能招收更多的学生，并且在学生就业质量上下功夫。有所得就有所失，这样一来学校就没有多余的资金投入到教学设备的完善中，使得本应该被淘汰的教学设备仍然继续使用，无法提高教学效果。教师福利较低，工作态度也较为消极，教学方式因循守旧，从而走进了死胡同。对教学设备没有多大关注的学校将很难招收到足够的学生，而没有学生上缴的学费，学校的正常运转就受影响，进而导致恶劣的教学环境出现。如果这种情况不加以遏制和改善，那么即便引进了教育技术，也很难使得这些技术产生预期的良好效果。

因此从校方的角度来看，一是受以往教学观念的束缚。在很大程度上，学校在办学理念上仍沿袭传统的教学模式，对高校教育的特点、教育教学研究不够。二是受办学条件限制，没有充足的经费保障。以上两点具体表现在高校语文教学上，首先校方对语文课程定位不准，有的学校将其定为公共必修课，有的学校将其定为公共选修课；有的学校面向全体学生，有的学校面向部分专业的学生，缺乏统一规范的管理。其次学科地位不高，学生就业时，企业本着利益最大化的原则，在选拔人才时往往把目光集中在高校学生的实践操作技能上。

二、教师方面

在目前的教学环境中，不少教师能较快地接受新事物，因此，为了与当前教育环境的革新保持步调一致，他们积极将多媒体技术引进课堂，并且乐此不疲。然而，正所谓欲速则不达，他们虽然热衷于对多媒体技术的运用，但很多老师对它的了解还是浮于表面，因此，他们只是借助于多媒体平台传播相关的语文知识，而没有形成将多媒体和教学相结合的思维模式。有鉴于此，所谓的运用多媒体来传播知识无非是将旧有的利用黑板传播知识换成了运用多媒体传播知识。在课堂教学上，多媒体所发挥的作用非常有限，如老师将文中所存在的问题展示在电脑屏幕上以供学生们思考，这一教学方式仅是将以往通过黑板来展示的教学内容换成了利用电子媒体来展示教学内容，不仅没有给我们带来期待中的显著效果，反而造成了大量的资源浪费。因此，这种用电子媒体代替黑板的教学模式只不过是一种换汤不换药的行为，甚至可以说是对"利用最新技术来进行教学"的一种肤浅的认识。

现代教育技术应该充分发挥其所特有的现代化功能，并将其特点更好地体现出来，而不应该成为传统教学的翻版。通过调查，我们发现大多数老师会利用电脑上网搜索资源，并进行下载，下次上课的时候将这些资源运用到授课的过程中。我们必须承认这种方式还是非常有效的。然而，也不能过分夸大它的效果。比如说，在某些学校看来，只要学校引进了电脑，并配上与教学相关的配套设施就完成了从传统教学模式向多媒体教学模式的完美转变，这种想法是大错特错的。在利用多媒体进行教学的过程中，非常显著的一点便是现在传播的知识点相较过去有了显著的增多，学生接收到的知识量也相应地增加。然而，这一教学模式并没有带来学生思维方式的转变，甚至有可能是以往"填鸭式"教学模式的延伸，即学生依然是被动地接受老师所传达的内容，而没有自我思考的时间和空间。

我国的高校语文教师多是应试教育培养出来的语文教师，他们的知识结构多半定型于职前的师范教育阶段。当他们走上工作岗位，大部分教师仍按照自己以前受教育的模式给学生上课。在实际工作中很大一部分精力还是浪费在课程内容准备的环节上，而在丰富教学手段、教学设计、激发学生学习兴趣等方面有所欠缺。

教师的教学理念、教学方法、授课方式是影响授课效果的主要因素。高校语文教师没有根据高校语文课程的特殊性和高校学生固有的特点及时更新教学理念，转变教学思想，这应该是导致学生厌学和上课积极性不高的主要原因。与此同时，学生上课的不良表现也会影响到教师的授课积极性，在某种程度上造成了一种非良性循环发展的局面。

三、学生方面

我们在衡量现代教育技术给教学领域带来的成效时，除了要关注老师自身所存在的问题，还必须高度重视学生在这一领域的重要作用。应用现代教育技术手段辅助教学的效果不仅取决于教师自身的媒体素养，还与受众（也就是学生）有很大的关系。学生的素质参差不齐，有的学生会非常主动地去吸收新知识，而有些学生则比较被动，接受新知识比较消极，而这些无一例外都与教学成果直接相关。

有一些学生进入高校后，无法跟上学习进度，学习很吃力，这给老师的教学带来了巨大的消极影响。倘若老师不关注此类问题，还是按部就班地授课，不采取措施弥补这一差距，学生既没有能力吸收消化新知识，同时也无法抽出时间来温习曾经学过的知识。在此情况下，即便学校为了提高教学效果积极引进多媒体设备来辅助教学，也很难实现理想的目标。甚至，这些学生因为在以前读书的过程中就没有掌握正确的学习方法，因此，虽然主观上他们想好好学习，却不知道怎样提高学习成绩，此外，这些学生大部分自制力比较差，做事很容易半途而废，而且高校的学习主要靠自觉，学生在这样的环境下很容易被周围的环境所影响，贪玩的情况是不可避免的。在计算机房上课时，教师在专心致志地讲课，而有的学生却趁教师不注意在老师视线不可及的地方开小差，这一方面浪费了老师的心力，另一方面也浪费了自己的时间，学生的学习成绩也没有得到显著提高。

在撰写这本书的时候，笔者走访了很多院校，在实地走访的过程中，笔者发现了一些问题，如在利用现代教育技术来辅助教学的过程中，可以明显地看到部分学生的注意力很难集中，他们看起来很迷茫，也许是对讲课内容无法消化，也有的明目张胆地趴在桌上睡觉，完全无视老师的存在，还有的偷偷摸摸地玩一些电子游戏。虽然他们看上去似乎很认真，但笔者在其身后发现情况完全不是这样。上述这些上课不用心的学生对教师的教学过程和其他同学的正常学习造成了很大的影响，也在一定程度上降低了多媒体手段的优化效果。

就学生方面而言，首先，高校录取的学生是在提前录取、本科一批、

本科二批，三个批次录取之后的考生，高考成绩相对较低，文化基础相对

薄弱。虽然不能把高考分数作为衡量学生能力水平和综合素质的唯一指标，

但我们也不能完全回避这一信息源，这毕竟在某些方面为我们提供了可参

考的信息。其次，高校学生心理问题较为复杂。当今社会上还有一些人对

高等职业教育认知不够全面，导致高校学生的心理压力、就业压力过大。

高校学生在学习的过程中表现出学习状态不佳、学习热情不高、学习动机

不足、注意力不集中等问题。

第三章 高校语文课程改革问题的成因分析

我国语文教育一直就是个"老大难"问题。从小学直到大学，人们都对语文教学持"少、慢、差、费"的评价。1978年，著名语文教育专家吕叔湘就针对当时中学语文教学现状指出："中小学语文教学效果很差，中学毕业生语文水平低，大家都知道，但对于少、慢、差、费的严重程度，恐怕还认识不足。"[①] 又说"十年的时间，2700多个课时，用来学本国语文，却是大多数不过关，岂非咄咄怪事？"[②] 可见，语文教学质量难以提高是历史积弊。而教学上对语文学科认识得不全面，重视基础性而忽视人文性，使得语文教学的审美性未能得到充分的重视，从而导致语文教学的审美性普遍缺乏。

近年来，虽然关于加强语文学科的审美意识的呼声很高，然而，语文课堂与审美化的语文课堂还相差甚远，就连一些文质兼美的经典文学阅读课堂教学，也难以感受到多少审美的韵味。这是制约语文教学发展的一大原因，也是学生不喜欢语文课的主要原因之一。同时，由于目前的高校语文课程体系注重学科的工具性和知识的系统性，教学中强调学生对学科知

---

① 吕叔湘：《吕叔湘论语文教育》，河南教育出版社1995年版。
② 吕叔湘：《吕叔湘论语文教育》，河南教育出版社1995年版。

识和专业技能的掌握，忽略了对学生"做人"的教育、合作精神以及与人共事能力的培养。由于长期以来在语文教学中存在的这种缺失，"社会上，（包括学校里）有些识字的人总喜欢横挑鼻子竖挑眼地发难和指责语文，这种'莫须有'式的飞来横祸往往搞得语文教学十分被动。在如此环境中从事语文教学实在难以轻松和愉快"[①]。多重原因导致高校语文课的教学质量低下。高校实践性环节教学薄弱有以下原因：从学校方面看，一是受传统的教学观念的束缚。在很大程度上，学校的办学观念上仍沿袭过去的教学模式，对高校教育的特点、教育教学研究不够。二是受办学条件限制，无充足的经费保障。从教师方面看，一是教师素质不能适应高校教育的要求，二是受传统教学方式的影响。

第一节　教育意识的淡漠

一、高校的母语保护意识淡薄

任何事物的发展都是与人们的主观意识密切相关的，没有强烈的主观意识不可能有积极主动的行动，追求成功的高校课程改革更不可缺少母语保护意识。母语保护意识是影响高校语文课程改革最深层的因素，而当前课改的"瓶颈"就是人们的母语保护意识淡薄。所谓母语保护意识，就是

---

① 谢东华，王华英：《互联网＋环境下高职语文教学模式改革研究》，吉林人民出版社2017年版。

民族语言觉悟，以及所表现出来的社会思想、理论、情感、意志、知觉等各种观念形态的总和。除了争取母语地位的提升，追求制度的支持，构建自己的母语教育机构，还有建立家庭、社区的母语环境等。在此，笔者尝试将教育领域中的母语保护意识分为五个层次：一是感性认识层次，对母语教育的直觉反映和认识。二是知识层次，对母语教育及相关问题的各种经验。三是态度层次，有关母语教育的价值观念，主动参与母语教育的动机。四是评价层次，有关母语教育及相关问题的评价。五是行为意向层次，参与母语教育的行为和方式等。从目前情况看，我国高校通过母语教育保护母语的意识与国际先进水平存在差距，主要有以下三个原因。

（一）社会对母语教育的认知还停留在较低的层面和水平上，阻碍社会母语保护意识的形成

母语课程是培养本国人的课程。语言不仅是文化最主要的载体，也是文化的主要成果。母语教育是民族精神延续最重要的途径与手段。发展每个人的母语能力是学习权的基本内涵，是基本人权之一。母语教育是不可侵犯的。不能因为强调外语教育而忽视母语教育的价值。认识全球化时代母语濒临灭绝的危机，洞察母语和母语教育的价值，是对当代教师的要求。保卫母语，保卫母语教育，是我们对人类文明的最大贡献。

（二）亚文化与主文化的相互抵触，抑制了母语保护意识的培育

高校的主文化是以就业为导向的技能教育文化。高校主文化价值体系源自杜威的实用主义教育思想，承袭近代黄炎培的"做学合一"教学原则，既强调一技之长，也重视全面发展的"大职业教育主义"观念，它与发展母语教育的价值观是相吻合的。但与此同时，社会中的许多不良亚文化与母语保护意识又是背道而驰的，其中典型的就是英语霸权和"去汉字"冲击。随着世界经济越来越趋向于一体，英语作为事实上的强势语言以国际性的交流语言身份被接受并使用，其国际化的强势作用令汉语、俄语、法语等世界主要语言都受到严重冲击。语言关系问题不单纯是语言使用的选择问题，实质上是文化关系问题或可能导致文化冲突的问题。当今高校毕业生面临的招聘、录用、晋升等现实问题都与能否熟练运用英语相关，甚至英语要求成为一些教育主管部门的明文规定，能否说好汉语、能否写好汉字文章反而无足轻重，甚至根本不作为评判因素。网络世界中，不规范语言的大规模侵入又使汉语教育陷入深重危机。这些畸形的语言价值观严重地阻碍了中国人母语保护意识的培育。

（三）高校语文教育效果的低下，削弱了人们母语保护意识的培育

据笔者调查，学生问卷中反映上语文课"还不如上专业课""浪费时间""没有用"，高校接二连三地"砍掉"语文课程，这些足以说明人们对高校语文教育的认可度很低。一门浪费师生时间的课程不可能让人们重视，更不用谈珍视了。从基础教育到普通高等教育，语文教育界讨论如何克服"少、慢、差、费"的弊端已有几十年，但人们仍然看不到突破。基

础教育母语课程沦为应试的工具，高校缺乏成功的语文课程带头人的积极引领。现实课程的低效挫伤了人们学习母语的积极性，甚至不相信语文课改能有出路，从而削弱了人们对母语保护意识的培育。

二、高校教师课程意识的缺陷

教育科学研究与教育实践探索的开展，最终要落实到教师身上。以下多个因素导致高校语文课程师资力量薄弱，教师整体素质偏低，来源复杂，准入门槛不高，数量不足，流动性过大，工作量超常，缺乏继续教育途径等。除人手短缺的客观因素以外，教师课程意识的缺陷也是造成高校语文教育方法陈旧、策略单一、照搬应试教育模式、进行支离破碎的文本解读等问题的根本因素。随着高校教育改革的不断深化，专业课教师的角色和专业能力受到了应有的重视。然而长期以来，受计划经济体制和课程管理以及师范教育人才培养模式等因素的影响，文化基础课教师在课程实施中习惯位于"忠实执行者"的层面，缺乏必要的课程意识和课程生成能力。高校语文教育既不存在国家课程的指挥，也没有教学模本可循，是一个期待师生运用开放的、互动的、共同的对话生成课程的新生领域。这就需要高校教师整体具有良好的课程意识。

教师的课程意识主要包含主体意识、生成意识和资源意识等，其核心是课程观或"课程哲学"。课程意识往往支配着教师的教育理念、教育行为方式、角色定位和体验。没有明确课程意识的教师，常常把课程视为一种不可变更的程序，并在课程改革面前无所作为。具有课程意识的教师则能以自己对课程的个别理解为基础，从目标、课程、教学、评价等维度全面规划自身的教育活动和行为方式，因此明确的课程意识意味着"教师即课程"理念的达成。高校语文课程教师要具有课程意识，这个命题的本质在于教师对语文课程的可生成性的深刻理解。与课程实施的忠实取向和相互适应取向不同，课程的生成取向更重人性。语文课程是通过交往进行探索和发现的课程，关注人的价值的发现和塑造。只有具有课程意识的教师，才能进一步解放学生的被动接受角色，也只有尊重学生的主体地位和学生的"生活世界"的教师，才能在高校建立起符合时代精神的全新的课程文化。

第二节　课程研究的苍白

一、高校语文课程基础研究不足

（一）定位的争议，削弱了高校语文课程的价值

对高校语文课程做出准确定位，是研究与探讨、改革与完善我国高校语文课程改革的首要问题。因为课程的定位不仅是课程内容的简要描述，而且是课程价值、目标的本质揭示。只有明确课程的具体定位，才能建立探讨问题的平台，避免无谓的争论，从而把精力集中到真正需要解决的问

题中，以促进我国高校教育和母语教育的发展和完善。课程作为人类文明的产物，必然成为多种价值和利益的承载体。我国理论界和实务界对当代语文课程定位的争议由来已久。综合来看，主要有"工具论"与"人文论"两种理解模式。它们的理论背景各不相同，是针对不同的历史条件，从而产生出自己的理论内涵和命题意义的。在特定的政治背景下，"工具论"针对语文教育充斥政治说教的情况存在有其合理性。而"人文论"是在另一特定历史背景下，针对"精神虚无""技术至上""单纯知识教育"等问题来强调语文与人的思想情感、精神个性之间的关系。我们不能够脱离其特定历史含义，把两种理解模式对立起来进行理解。

笔者在对高校语文课程定位研究中发现，人们正试图摆脱对立性而谋求调和，"没有工具性，何来思想性或人文性"，并且进行进一步精准细致的研究。有争论并非坏事，但难以把握课程的基本定位问题，给课程实践和进一步研究带来重重困难。

（二）基础理论研究不足，限制了高校语文课程的发展

人们对语文课程理论体系的建构经历了两次重大转变，第一次是从教学论体系向课程论体系转变，第二次是从应试教育向素质教育取向的转变。而在第二次转变过程中，职业教育理论在职教语文课程体系中的建构作用越加重要，并逐渐成为当代高校语文教育所依赖的重要理论。高校语文课

程的更新是科学技术发展并对高校教育产生影响的必然结果，但是一种课程体系的产生、完善和具体运作，必然需要某种理论为其提供正当性基础，当然也不可避免地会受到特定时间段内的哲学思潮、思维方式和价值取向的影响并在制度中予以体现。

第一，语言学研究成果未受到应有重视。笔者认为，相关语言学研究没有受到语文实务界应有的重视，尤其是有关语言能力发展的研究并没有被职业教育领域的语文研究者重视起来，而这些研究恰恰是以能力培养为目标的职业教育院校特别需要的。语言学家王宁指出语文教学"在强调人文性的同时忽略了语文教学的理性化，忽略了语言"。语言学方面的理论现在比文学方面的理论更系统、更科学一些。我们对"工具性"偏向的问题从语言学角度去研究，发现了其中具有行为主义语言课程的组织原则的影响因素。行为主义语言观认为语言与其他学科知识的学习之间存在一定的先后次序，语言知识的学习与语言运用之间也存在顺序。学语言知识在前，语言运用的学习在后，第三步才是其他学科知识的学习。那么，语言顺理成章地成为独立的学习科目，深入探究语言的形式结构，最终习得听、说、读、写的能力。行为主义语言观认为语言学习与其他学科学习之间是互不相关的关系。这种观点一方面促进了语文课程的独立，凸显了语文课程的基础性和工具性本质，另一方面造成语文课程与其他学科学习的割裂。当下相关语言学的研究包括语言观、语言学习观、语言发展观、语言课程观和语言教学观，以及作为解读语言学习与发展新视角的语言学习社会文化观等。高校语文与中小学语文课程研究不同，往往校际差异较大，当前研究所走的弯路与未及时吸收相关语言学理论的最新研究成果有很大关系。

第二，学习能力理论研究成果未受到应有重视。高校职业教育的逻辑起点和核心目标是让学员获得特定职业活动所需的职业能力。职业能力的研究根据心理学的不同学说，具有不同的理解重点。以华生等为代表的行为主义心理学研究表明职业能力内涵是职业技能，以布鲁纳等为代表的认知主义认为职业能力即职业知识，以马斯洛等为代表的人本主义心理学相信职业能力即职业潜能，以维特罗克等为代表的建构主义心理学认为职业能力即情境性的综合能力。架构在不同心理学基础上的能力研究必然给课程的研究带来深远的影响。随着职业能力的内涵逐渐从强调单一方面转变为强调多个方面的综合影响，职教课程的目标和内容已经发生了巨大的变化。现今我国高校教育迅速发展阶段的一个重要方面就是不断关注职业能力研究的发展，并逐步构建具有中国特色的高校课程。与此同时，高校的语文课程却没有跟上这个脚步。语文课程培养的是人文素质，是为了提高人的语言鉴赏能力、语言运用能力、语言交流能力、语言表达能力等方面的课程。但我国的课堂教学长期以来受凯洛夫教育学思想的影响，他的教育学思想存在没有"学力"概念的致命弱点，抽去了人的主观能动性的要素，是"唯技术主义"的标本。语文教育长期以来受此影响，未能对能力研究给予及时恰当的关注。以"大学语文"为代表的高校的语文课程一直未见有实效的变革，其中一个根本问题就是对一直以来备受关注的核心能力、关键能力等研究没有及时地关注、消化和吸收。

二、高校语文课程的实践研究缺乏

李海林教授认为，目前语文教育理论的进展处于从经验总结向理论体系构建进步这个阶段，面临的任务是要把研究重点从重构理论体系向实践和操作程序寻求创新上转移。[①] 采用的研究方法以对语文教育实践程序的描述为常见。而语文实践研究往往按课本中的作品年代和风格分为当代文学作品教学研究、文言文作品教学研究等，或者按照教学顺序分为备课研究、课堂教学研究、考试评价研究等。这种研究欠缺整体的、本质的、逻辑的归纳和概括，甚至成为理论拼凑。目前高校的语文教育既没有大量的经验总结，更缺乏真正有深度的实践研究。

许多高校语文课程正在开展的"分科"教学，有不少是对语文能力"听说读写"四要素的构成理论做出的简单回应。"分科"教学的科学性在哪里，有哪些局限，在高校开展具有什么特定价值，又会产生什么问题？等等，并没有专门的研究机构和人员对此做出细致的回答，"分科"就在课程表上出现了。课程实施了多年，也未见系统地对"分科"教学做进一步的解读。

---

① 李海林：《言语教学论》，上海教育出版社 2000 年版。

有的高校决定用应用文写作课完全取代大学语文课，这个课程决策的背景尚且不提，对于课程实施而言，有两方面的研究是必不可少的。其一，学校科研机构是不是完成了对课程实施的关注，包括教师是怎样实施课程的，是否顺利，是否需要帮助，学习者受到了哪些影响。其二，是不是有研究机构和研究者对课程进行描述和科学测量，包括学生的活动、成绩和教师的活动相关研究几乎从未见诸报端，甚至无人关注。长此以往，高校语文课程既缺乏开发计划，又丧失实施基础，积重难返最终也只有取消了事。如此也只剩下让后人来进行高校语文课程消亡的历史研究了。众所周知，让一个有计划的课程在学校得以实施成为运作的课程，是一个相当复杂的过程，那么人们就应该慎重地组建团队来进行真正的实践研究。

第三节　研究环境的困顿

专业和非专业的个人和组织所做的决策对学校课程来说是不可忽略的影响。课程往往受到校内外多方面声音的深刻影响，因为他们往往是那些有权评论和介入课程的成员。课程的研究并非只是个人的行动和反思，而是在具体环境下的互动研究。高校教师开展语文课程研究的环境不尽如人意，笔者将从校内、校外两个方面进行分析。

一、校内保障不力

（一）课程决策权过分集中

许多受访的高校语文教师认为决策权只是集中在少数"当权者"手中，在那些不够民主的学校中，其他教师只是执行已有的决定而非参与决策。如果"当权者"中出现了重视母语教育者的情况，往往是有教语文课或者汉语言文学学历背景的校级领导，这所学校的语文课程就会开展得有声有色。形成鲜明对比的是，一旦这些"当权者"离开，学校对语文课程的热情就会迅速降温甚至课程瞬间被"砍掉"。

（二）语文教师的课程话语权缺乏保障

话语权的独霸现象是与另一些群体话语权的丧失现象一同发生的。课程改革要求赋予教师决策权。首先，教师在课堂中是教学决策者，学生体验到的课程最终形态受到教师的课程决策的影响。其次，教师决策的权力是指教师在课程决策中对最终决定的达成所具有的影响力。从根本上来说，无论是教师还是参与课程决策的其他主体，不存在完全掌握话语权的一方。如在设置哪些课程的决策过程中，教师的话语权一再被忽视。这种情况说明，一是高校的语文教师没有权力按自己的意愿为学生订教材。二是高校目前的发展阶段以大专学历层次的培养为主，中职、高职、应用型本科、专业硕士学位相互衔接的职业教育体系尚未完善，升学通道尚未完全打通。语文作为基础课程在升学通道中的重要作用得不到充分发挥。这使得语文在话语权的争夺中再输一筹。除了没有普通教育体系语文课程的一般话语权，高校语文课程也缺少来自雇主和社会团体的声音支持。访谈发现，教师们通过在课程协商中大量表述来自学生的声音，来争取获得更多的权力。如某某语文教师上课深受学生欢迎，每逢这位教师授课，教室或礼堂总是爆满，课程的学生评价名列前茅，诸如此类。这些话语并不是教师主体自身权力的表达，而是学生声音通过教师的传递，实质上是学生主体的话语权。一个教师的专业能力很强，却不一定在决策过程中把握着较多权力。话语权得不到保障，课程民主化的进程就会受阻。

（三）语文教师的专业发展缺乏保障

语文教师作为高校师资队伍的重要组成部分，他们的专业化成长同样需要得到学校的高度重视，获得完善的制度保障和合适的文化氛围支持。有研究者归纳高校教师的工作特点为公益性明显、创造性强、艰苦性大、自主性有限、工作成果又难以度量。研究发现高校在促进教师专业发展的保障工作上存在欠缺。

1. 校本培训力度不够、质量有待提高

访谈显示，大部分高校的语文教师只是偶尔参加各类培训，甚至有的教师从来没有参加过校本培训，这存在两种原因，一是校本培训活动尚未

得到学校的重视，二是校本培训的层次梯度有缺陷。有的受访教师从未参加过校内组织的针对基础课或文化课教师的培训。对于培训的质量评价，有七成的教师认为"较差"和"不满意"。很多教师认为培训流于形式，无实质性内容，目标不明确，并与实际相脱离，实践性不强。因为培训本身的质量不高，半数受访者表示对培训目标"不知道"或"没必要了解"。交流合作机制不完善，促进语文教师专业发展的交流合作平台建设落后，其主要表现在以下两个方面：一是缺少学校决策层的重视，二是缺少富有实效的交流平台。校内交流合作平台大致包括校本培训平台、校本科研平台和日常教学监控平台等，通过相互学习、相互交流、相互监督促进课程研究水平的提高。许多中职、中专升格的高校保留了原有的教研室组织，但是作为一个日常工作监控平台，原本这是一个促进教师专业化成长的良好基地，但现实情况是许多教研室已名存实亡。高校语文教师人数大幅减少，有经验的教师转任行政岗位或忙于校内各种事务无暇探讨教学等现实问题，让语文教师的日常工作交流都成为一个难题。因此亟须建立一个新的平台，锻炼教师的常规教学能力，并进行相关教育科研的指导。

2. 科研环境不完善

学校的激励机制是教师专业发展的重要驱动力。高职院校教师职称评审与晋升，主要参照普通本科院校教师职称评定标准来实施，晋升的条件除了完成一定的教学工作量，更多地体现在对教师科研的要求。因此，教师的学术研究能力又成了当前职业生存的主要压力。几乎所有受访教师表示自己的学术研究能力"一般"或"不好"。教师学术研究能力不高主要是主客观两个方面的原因。教师自身的主观因素：一是教师学术研究积极性不高，阻碍了教师学术研究能力的提高。二是教师的知识结构不合理，有较多教师自认缺乏科研方法技能和系统的理论知识。学校层面的客观因素：一是学校学术研究开展层面的狭窄，有研究称有的高校教师从来没有从事过学术研究，这直接影响了教师整体的学术研究水平。二是缺乏学术带头人等引导或组织，这也是教师认为影响学术研究能力提高最主要的因素之一。在从事学术研究的教师当中，只有少数教师表示能独立开展学术研究。从上面的调查分析来看，如何创设一个学习研究型的外围环境是提高教师学术研究能力的关键。

二、校际交流欠缺

学术交流是旨在促进课改研究不断进步的重要学术活动方式，《礼记·学记》云："独学而无友，则孤陋而寡闻。"高校的语文教师一直以来单打独斗，缺少应有的校际学术交流机会和学术争鸣的环境。这首先与高校的独立设置出现较晚、发展速度过快有关，快速发展让决策者的注意力普遍集中到了学校规模发展上，明显地暴露出重速度、重数量，忽视教师水平、教学设施、教学质量的发展倾向。高校的内涵建设尚未到位，校际学术交流的力度显然不足。其次，当前高校师资队伍建设目标上存在问题，主要表现在重学历达标、轻教师综合素质，重行政管理、轻教师专业发展，重工程项目、轻教师制度建设等方面。与我国普通教育的现状完全不同，语文教师的培训培养，在高校师资培养计划中是没有单列项目的，校际学术交流和合作缺少了政策的倚重。再次，校企合作平台尚未涉及语文课程领域的交流合作。研究发现，校企合作平台是人才培养模式的重要探索，它不仅能给课程改革提供保障，协调校企合作关系，而且能推动学生职业能力的培养和"双师型"结构教师队伍的建设。高校的校企合作平台架构时间不长，缺乏核心力量，协作往往不够密切，而且平台尚未触及语文这样的基础性课程的交流合作。对于交叉性、通识性的语文课程而言，校际交流不能只停留在任教相同学科语文教师之间一般的交流、观摩、切磋，而是要开阔视野，密切关注社会对人才培养的要求和经济转型期相关行业对人才的要求，吸纳先进经验，提高教育教学水平的系列活动。此外，民间性的语文课程合作团体和学会还处于筹备萌芽阶段，普通高校的大学语文课程研究团体正趋于消亡，这些不利因素都导致了语文教师校际交流活动的缺乏。

第四章 互联网与高校语文教学的整合研究

第一节 互联网与高校语文教学整合的基本概念

一、整合的基本概念

教育教学中的整合是运用系统科学的方法，在教育学、心理学和教育技术学等教育理论和学习理论指导下的教学资源和教学要素的有机结合，在整合过程中要协调教育教学系统中教师、高校学生、教育内容和教学媒体等教学诸元素的作用、联系和相互之间的影响，使整个教学系统保持协调一致，维持整体过程或结果，从而产生聚集效应。整合的目的在于通过充分有效地发挥互联网特别是网络技术在学习过程中独具的开放性、自主性、交互性、协作性、研究性等特点与优势，以推动互联网与课程及学科教学的深度交融，促进互联网在学科教学中应用水平的提高，凸显学习内容综合性和以高校学生的发展为中心，从而帮助教师在有关理论知识的指导下，更符合规律地进行一系列教学活动，实现高校学生学习水平的提升。

二、高校语文课程与互联网整合

"课程整合"和"互联网与课程整合"是两个不同的概念，有着各自的侧重点，但又联系密切。从理论上讲，课程整合意味着对课程设置、课程教育、教学目标、教学设计、教学评价等诸要素的系统测量与操作，也就是说要用整体的、联系的、辩证的观点来认识、研究教育过程中各种教育因素之间的关系。比较狭义的课程整合通常指的是只考虑各门分列课程之间的有机联系，并将这些课程综合化。还有一种整合是相对广义的，即课程设置的名目不变，但相关课程的目标、教学与操作内容（包括例子、练习等）、学习的手段等课程要素之间互相渗透、互相补充。当这些互相渗透和补充，到了潜移默化的程度时，就没有必要专门提"整合"了。反之，就需要强调"整合"。互联网与课程整合则是指互联网这一领域与其他学科的整合，或者说是将互联网"整合"于其他所有学科的教学过程之中，各个领域的研究和实践人员从自身的视角出发，对其做出了不同的界定。

西北师范大学南国农教授认为，"信息技术与课程整合指将信息技术以工具的形式与课程融合，以促进学习。指将信息技术融入课程教学系统各要素中，使之成为教师的教学工具、学生的认识工具、重要的教材形态、主要的教学媒体"。[①]

北京师范大学何克抗教授认为，"信息技术与课程整合的本质与内涵

---

① 南国农：《信息化教育概论》第 2 版，高等教育出版社 2011 年版。

是要求在先进的教育思想、理论，尤其是'主导—主体'教学理论的指导下，把计算机及网络为核心的信息技术作为促进高校学生自主学习的认知工具与情感激励工具、丰富的教学环境的创设工具，并将这些工具全面应用到各学科教学过程中，使各种教学资源，各个教学要素和教学环节，经过整理、组合、相互融合，在整体优化的基础上产生聚集效应，从而促进传统教学方式的根本变革，达到培养高校学生创新精神与实践能力的目标"[1]。

互联网与课程整合是当前互联网教育普及进程中的一个热点问题，也有些学者将互联网与课程整合看作当前推进教育信息化的一个突破口。2000年10月，教育部部长陈至立在全国中小学互联网教育会议上指出："在开好互联网课程的同时，要努力推进信息技术与其他学科教学的整合，鼓励在其他学科的教学中广泛应用信息技术手段，并把信息技术教育融合在其他学科的学习中。各地要积极创造条件，逐步实现多媒体教学进入每一间教室，积极探索信息技术教育与其他学科教学的整合。"[2] 这就从更高层次上要求广大教师深刻地理解互联网与课程整合的本质和内涵，只有这样，才能使之更好地为我国的教育和教学服务。

要更好地实施互联网与课程整合就一定要遵循既定的目标，下面是教育部提出的互联网与课程整合要实现的宏观目标和具体目标。

---

[1]　何克抗：《中国特色教育技术理论的建构与发展》，北京师范大学出版社2012年版。

[2]　陈至立：《抓住机遇，加快发展，在中小学大力普及信息技术教育——在全国中小学信息技术教育工作会议上的报告（节选）》，《教育信息化》2000年第12期，第3-8页。

宏观目标：带动数字化教育环境建设，推进教育的信息化进程，促进中小学教学方式的根本性变革，培养学生的创新精神和实践能力，实现互联网环境下的素质教育与创新教育。

具体目标：培养学生具有终身学习的态度和能力；培养学生具有良好的信息素养与信息技术能力；培养学生掌握信息时代的学习方式：学会利用资源进行学习；学会在数字化情境中进行自主发现的学习；学会利用网络通信工具进行协商交流和合作讨论式的学习；学会利用信息加工工具和创作平台进行实践创造的学习；培养学生的适应能力、应变能力与解决实际问题的能力。

对以上目标进行分析，我们可以得出以下结论。

互联网与课程整合，就是在先进的教育思想和理论指导下，将以计算机和网络为核心的现代互联网全面应用到各学科的教学过程中，改革教学模式，整合教学资源，变革教学内容的呈现方式、学生的学习方式、教师的教学方式，以及师生的互动方式等。同时，为学生的多样化学习创造环境，使互联网真正成为学生认知、探究和解决问题的工具，培养学生的信息素养及利用互联网自主探究、解决问题的能力，从根本上提高学生学习的层次和效率，带动传统教学方式的变革。

互联网与课程整合，不是一种被动地纳入，而是一个主动适应和改革课程的过程。互联网与课程整合，将对课程的各个组成部分都产生变革性的影响和作用。确切地说，互联网本身不能自然而然地引发课程的变革，却是课程改革必不可缺的条件。正是互联网的快速发展，才导致了学习革命，诞生了知识经济，使人类迈入信息化社会。基于互联网的现代教育技术与课程的整合本身就要求变革传统的课程观、教育观、教学观以及学习观等，还强调要尊重学习者的独立性、主动性、首创性、反思性和合作性。互联网与课程整合有利于营造新型的学习型社会，创造全方位的学习环境。互联网与课程整合会带来课程内容的革新，随着互联网的高速发展，必将要求传统课程适应信息化社会的发展要求，并增加与互联网相关的内容（如开设互联网课程等），以及要求各门课程都必须根据时代的发展，革新原有课程内容。互联网与课程整合也是课程内容革新的一个有利促进因素。

互联网与课程整合，将带来课程实施的变革，互联网与课程的有机整合必将要求革新传统的教学策略和理念。在今天的信息化环境中，教师作为知识传授者的地位正在逐步削弱，学习者的主体地位必将被充分体现。因此，互联网作为教学辅助工具和较强的认知工具，必将革新传统的教育教学理念。研究性学习、探究性学习等新型学习模式正在冲击着传统的课堂教学模式。

互联网与课程整合，将带来课程资源的变化。伴随着互联网的飞速发展，网络资源的丰富性和共享性，必将对传统课程资源观产生冲击。课程资源的物化载体不再单纯是书籍、教材等印刷制品，还包括网络资源以及音像制品等。生命载体形式的课程资源将更加丰富，学习者可以利用互联网的通信功能与专家、教师等交流，从而扩大课程资源范围。

互联网与课程整合，将有助于课程评价的变革和改善。互联网与课程整合后，将带来评价观念和评价手段的革新。互联网可以作为自测的工具，有利于学生自我反馈，也可以作为教师电子测评的手段，优化评价过程，革新传统的课程评价观与方法。

互联网与课程整合最主要的是带来学习方式的革命。网络信息的急剧增长，对人类的学习方式产生了深刻的变革作用。学习者将从传统的接受式学习转变为主动学习、探究学习和研究性学习。同时，数字化学习也将成为学习者未来发展的方向。互联网与课程整合，我们应把握住其主体是课程，而非互联网。切勿具有重技术、轻教育的思想，更不能以牺牲课程目标的实现作为代价，而应以课程目标为最根本的出发点，以培养学生的综合素质以及创新精神和实践能力为根本目的。要根据客观条件，选择合适的技术环境和信息资源，以提高学生的综合素质，尤其要培养学生的创新精神和实践能力，而不能按传统的教学思想设计环境与资源，使互联网仅仅作为传统教学的服务工具。

总之，互联网与课程整合的本质与内涵是要求在先进的教育思想、理论的指导下，把以计算机和网络为核心的互联网作为促进学生自主学习的认知工具与情感激励工具，以及丰富的教学环境创设工具，并将这些工具全面地应用到各学科教学过程中去。对各种教学资源、各个教学要素和教学环节，进行整理和组合，使之相互融合，在整体优化的基础上产生聚焦效应，从而促进传统教学方式的根本变革，达到培养学生创新精神与实践能力的目标。

基于上述原因，笔者结合本书主题，认为高校语文课程与互联网的整合，是指以行为主义、建构主义等教育理论为知识基础，充分利用和发掘互联网的优势，在特定的信息环境中，按照高校语文的学科特色，推动信息资源与高校语文课程内容的深度整合，以协调完成高校语文学习任务的教学方式。

三、互联网与课程整合的误区

在我国的教育教学中，特别是在如火如荼地开展互联网与课程整合的过程中，出现了一些对于互联网与课程整合的片面理解，致使互联网与课程整合走入一些误区。总结起来主要有如下几点。

（一）对互联网的片面理解

1. 互联网技术就是计算机技术

在一定意义上，"互联网"就是"计算机技术"，特别是在现行的互联网课程中主要讲的就是计算机网络技术的原理和应用，但是"互联网"的内涵远远比"计算机技术"的概念广泛。从普及互联网教育的整体目标分析，互联网教育是要提高学生的信息素养，培养学生的信息意识、信息知识、信息技能和信息道德。从普及互联网教育的内涵上讲，除了要使学生掌握信息知识和技能，还要强调互联网与各学科课程的整合。让学生学会利用现代互联网环境，进行有意义的学习，掌握终身学习的能力。即使单从物化角度考虑，除计算机之外，多媒体投影仪、实物投影仪、数码相机、数码摄影机、扫描仪、光电阅卷机等都需要互联网服务，有线通信网、无线通信网也属于互联网范畴。实际上，利用各种互联网与课程进行整合，不仅仅是要减轻学生的课业负担，更重要的是促使学生认知结构中的多学科知识的重新有机组合，从无序变有序，充分锻炼学生的多种思维能力。

2.过分强调多媒体技术

这种观点是比较片面的。多媒体技术虽然可以使教学内容的呈现更丰富、更逼真、更形象，但是多媒体技术本身对教学效果的提高也有限度，其教学效果取决于学科特点和教学中是否恰当地运用了多媒体技术，而不是只要使用多媒体技术就必然提高教学效果。并不是所有的知识都适合用多媒体技术表现，多媒体技术比较适合于能够将抽象和难以理解的教学内容形象化和具体化的学科，如物理、化学、历史、地理、几何等。这并不是说其他学科不能使用多媒体技术，主要看知识是否能够形象化。如果是高度抽象、无法形象化的知识，就不适合用多媒体技术来表现。因此，无论多么先进的技术，能否提高教学质量和效率，还取决于运用这一技术的人的教育理念和教学思考，以及学习者的认知特点和学习风格等。

3. 运用互联网技术一定能提高教学效果、一定比常规教学优越

这种观点夸大了互联网在教学中的作用。运用互联网在一定程度上会提高教学效果，但前提条件是必须能够科学地运用互联网。如果运用不当，教学质量不但不会提升，反而可能下降。如在一节课上，教师将长度单位"分米"画在了电脑上，而通过投影仪投出的分米的尺寸却远远大于实际尺寸，这对于教学效果就有着负面影响。现代互联网作为一种教学手段，是否比其他教学手段先进，要视教学内容和教师的讲课特点而定。在某些方面，运用"黑板＋粉笔"的教学手段可能更加有效。对教学手段而言，只有是否"适用"的问题，没有"先进"的问题，只要运用的技术手段适合当前的教学环境和内容，那么这样的互联网就是好的技术。当然，随着互联网的迅速发展，其在教育教学中具有非常广阔的应用前景。

4. 认为上课一定得用互联网技术才算"互联网与课程整合"

互联网与课程整合不应局限在课堂教学中，而应该是自然而然地融入整个教学过程，如教师查找资源、备课、写教案、制作课件、授课、考试、评价、教研等，都可以运用互联网。

"互联网与课程整合"并不排斥其他常规教学手段的运用。相反，在决定教学手段时，在某些教学环境中，如果能用常规媒体达到最佳效果，就不必使用互联网。许多老师都有这样的体会，制作课件是一个很烦琐的工作，尤其是制作一个优秀的课件，需要花费大量的精力。当然，教学资源一旦积累下来，在下次使用的时候，就会大大减少重复工作量。另外，一些互联网确实能够大大降低工作强度，节省工作时间，提高工作效率，如光电阅卷系统就能大大提高教师批阅试卷的效率。

（二）教育信息化和校园网的建设中学校和政府两者的缺位

互联网与课程整合，硬件建设是基础，软件建设是前提，二者都需要政府的支持和协调。但是，所有的硬件和软件建设都是为了提高教学质量和效率，而不是单纯地树立政府或学校的形象。因此要扎扎实实地进行实验和研究，而不是浮躁、急功近利地做表面文章，影响资金的利用效率和效果。

相当多的人认为，教育信息化是政府行为，基础设施的建设需要政府投入，教师的培训需要政府组织，教育资源库需要政府尤其是中央政府的协调，并成立有专业企业参与的专门机构来开发。有人曾呼吁，互联网已经有相当丰富的资源了，学校不要建什么网站，建什么自己的资源库了，这是低层次的重复开发，劳民伤财。但在实质上，教育信息化应该是一项涉及政府、社会、教育、家庭乃至个人等方面共同参与的系统工程，它是国家创新体系的一个组成部分，单靠政府是远远不够的，尤其在软件的投入方面需要大家共同参与制作和积累。从资源这个角度讲，信息资源是信息化的核心，信息资源的利用与互联网的应用是教育信息化的目的。毫无疑问，互联网上的资源是相当丰富的，虽然并非想象的那么完美，然而这是分布在世界每个角落信息点上的资源汇集而成的结果，正所谓众人拾柴火焰高，倘若大家都不去创造信息、不去积累资源，互联网岂不干枯？早些年曾有一种说法，提出教育部要集中人力、物力、财力开发基础教育的多媒体素材库，学校的电教老师很是为之兴奋，但多年过去了，仍不见踪影，这使得老师们多少有些沮丧。不过好在有许多专业公司开发了一些素材，尽管不是很完美，但不管怎样，老师们可以从这里采一点，那里用一些，基本满足教或学的需要。我们常听一线教师对现有的资源表示不满意，其实这是好事，说明这些资源还需要再创新，任何人都可以去开发它们。

目前，很多学校的信息中心（控制中心）使用知名品牌的三层交换机，每台价值十几万或好几十万元，国际品牌的服务器也有好几台，个别学校还配有小型机，配线柜（架）上引出来的是 1000 兆光纤，计算机进入每间办公室、实验室、功能室以及教室，均实现 100 兆交换到桌面。多媒体电教室、PC 数字语音室、PC 电子阅览室，一间连一间，不少学校的教室里都摆放着实物展示仪。但很多教师反映，这些设备多是装点门面的摆设。

很多学校领导也非常清楚计算机产品贬值和换代的速率很高，如果不用或暂时用不上将会造成严重的浪费，使学校资产白白流失。但学校领导也有苦衷，一是为了评上更高等级的学校需要计算机教室、校园网，学校自己建的简易计算机网络往往在某些部门评估时通不过。二是上级明确要求开互联网课，而目前专业老师又比较少。三是政府专项投入信息设备的资金用不完要收回。因此，学校的等级评价需要政府政策上的灵活性，并不是只有电脑进了教室才算有了校园网，更要考虑的是等级学校的含金量。

（三）当前基础教育体制尚未为"互联网与课程整合"提供必要的支持

虽然我国的基础教育改革正在如火如荼地进行着，但是以应试为主的教育体制还占据着主导地位。学校还是以培养知识型人才、提高升学率为最主要的目标，而忽视对学生学习能力、问题解决能力和创新能力的培养，这就必然对互联网与课程整合产生多方面的负面影响。素质教育之所以实施多年而效果甚微，正是由于没能从根本上解决稀缺的教育资源和庞大的人口就业压力之间的矛盾。互联网与课程整合要想顺利进行也同样面临这个问题。

当前"以教师为中心"的教学模式不可能在短时间内改变。我国长期以来形成的"以教师为中心"的教学模式虽然不断遭到批评，正在推进的基础教育改革也旨在改变这一教学模式，但是我国教育资金和师资短缺、教学观念的转变还有待时日，现阶段国情决定了这一教学模式在一定时间内还会居于主流。对"以学生为中心"的教学模式则应积极探索和研究，不但要从教学内容、教学方法方面去探索，还要通过国家的政策和体制方面的调整去适应新世纪对教育的要求。因此，互联网与课程整合的顺利进行，需要基础教育体制的支持。

第二节　互联网与高校语文教学整合的应用价值

一、互联网推动高校语文教学改革的深入

互联网已经在各个高校实现了广泛的推广，这一点从学校的互联网相关的设备情况可以反映出来。如笔者进行实验操作的某职业学院现有教学服务实训中心（实训室）20个、计算机2300台、多媒体语音室30个、网络实训室20个、语文无线教学系统拟建学校语言学习网络平台15套。互联网的普遍推广使用，促进了高校教学各个方面的改革，同样，也对语文教学环境带来了极大的改观，这些改观突出表现为基于计算机网络的语文多媒体教学模式的应用。基于计算机网络的语文多媒体教学模式为教师和学生同时提供了一个非常开放的多媒体网络环境。信息化网络教学令语文学习具有了广阔性、丰富性和多样性，给学生以全方位体验。学生在学习的过程中，可以就听、说、读、写等方面的问题在交互式的网络平台上自

由地与其他同学进行讨论，互相帮助、互相启发、相互评估、开阔思维、激发学习兴趣，共同提高语文应用能力。总体上，多媒体技术的迅速发展推动了语文教学的改革，其特征表现在以下几个方面。

（一）便利信息存储的利用

以信息为基础的多媒体网络，具有信息存储、提取、双向传输等多方面的优势，因此特别适用于教育，更有利于教学信息传播机制的建立。

（二）促进发散性思维的培养

互联网具有非线性、非结构性的特征，其更加符合人类思维的特点。在互联网环境下，学习者通过非线性、非结构性材料的信息状态下的自我学习，遇到他们自己关心的学习上的问题，可以通过发散性思维来解决问题或学习，强化创造性思维，提高灵活运用知识的综合能力，因此互联网对教育的影响特别大。

（三）促使学习个别化的实现

互联网有利于实现个人的学习目标价值。由于每个学生的需要、学习经验，以及在互联网运用能力等方面存在差异，同时在教学的多层次性、多角度的信息背景下，不存在模式化的学习目标和学习路径，学习者可以根据自己的需要，选择适合自己的学习路径、学习内容。良好的人机界面的导航机制、交互式网络系统，让学生充分发挥自己的能动作用，积极参与学习过程。并且高校学生还可以自行选择学习内容,控制学习步调和速度,因而互联网教学可以做到因材施教,实现个别化教学。

(四)推动教学内容和形式多样发展

互联网教学模式,一方面利用图片、文字来表达各种不同的动态内容,另一方面通过声音模拟教学和设置一系列多维教学元素,从而提高效率和教学质量。

二、互联网推动高校语文教学方法的创新

很多高校学生因为自身的语文基础较差,所以在对层次相对较高的高校语文内容的认知上存在着较大的困难,以致失去兴趣,产生畏难情绪,令语文学习成为单调、沉闷、枯燥无味的代名词,导致整体语文水平很低。为激发学生学习的主动性,调动学习兴趣,教师可以利用互联网创设情景使学生如闻其声、如见其人,仿佛置身其间、如临其境,师生就在此情此景之中进行情景交融的教学活动。欢快活泼的课堂气氛是取得优良教学效果的重要条件,学生情感高涨可促进知识的内化和深化。如为了强化学生的语文听说技能,笔者所在学校教师充分利用多媒体,针对教学内容,开展辩论、课本剧表演等实践性强的课堂活动,学生分别担任不同角色进行会话表演,从而使演的和看的人全部进入角色,提高了注意力,并在轻松欢乐的气氛中增长知识,也很好地锻炼语言表达能力。如教授《孔雀东南飞》

时，可以播放古筝版本的《孔雀东南飞》，学生就能在看到的文字与听到的乐曲中建立起直接的联系，形象具体，有助于学生对语文产生更多的兴趣，并积极主动进行语文课程的学习。

三、互联网推动高校语文教师的专业成长

语文教师课堂教学技能的培养应是现代方法与传统方法的统一。在互联网背景下，教师课堂教学技能渗透了互联网要素，由此产生了新的变化，因此培养的方法应该是现代方法与传统方法的统一。如导入技巧、语言艺术、提问技能等的提高，既要注重传统的方法如操练、训练、教师的言传身教，也要使用现代手段如微格教学、语音复读、电视摄像、录音、计算机课件等手段来提高课堂教学技能，主要有如下五点作用。

（一）推动学徒制发展，提高示范教师的指导水平

学徒制活动是一种古老的教育教学活动。它往往是在真实的生活生产实践中进行的。现场的活动情景存在真实的教与学的信息，师徒可以深入沟通。学徒可以通过顿悟和直觉习得那些难以言传但可意会的技能，可以习得未被师徒双方明确意识到的重要的信息。现今，学徒制活动已被赋予新的形式和内容。通过一个熟练掌握了互联网、具备较高课堂教学技能的"师傅"教师，传授课堂教学技能给其"徒弟"教师，体现了指导教师的榜样和示范作用，既影响学习者的学习态度和动机，又直接促进其对这种技能

的领悟。

（二）丰富学习方式，提高教师教学技能

学习方式分为外在学习与内省学习，外在学习是有主观价值目标的学习，而内省学习是指学习者在与知识元交互的过程中取得的一些思路。两种方式既彼此影响又相互独立。学者发现，若将外在学习与内省学习统一起来，以先"内省"后"外在"的认知方式学习，其效果强于任何一种方式。

（三）奠定技术支撑，完善教学子技能的掌握

加涅认为，"智慧技能由简单到复杂包含四个层次，分别为辨别、概念、规则和高级规则"。高一级智慧技能的学习须建立在对低一级智慧技能的掌握之上。这说明，学习课堂教学技能是一个逐级提高的过程，复杂课堂教学技能的学习往往要建立在相对简单的子技能的获得基础之上。互联网环境下，课堂教学技能可以分解成许多子技能，子技能之间形成一种层级关系。根据加涅的理论，在掌握低一级的技能后再学习高一级技能是学习课堂教学技能的关键。

（四）营造良好环境，形成积极情感信念

情感在学习中很重要。互联网环境下高校语文的教学技巧形成过程是一个情感沟通的过程，是语文教师的价值观念不断散播的过程。在已获得的课堂教学技能中也应蕴含着丰富的个人情感，因为只有蕴含着丰富的个人情感的课堂教学技能才能稳定、巩固下来。

（五）促进教学反思，提升教学效能感

反思在教师专业发展中颇受重视，它有助于教师成长。波斯纳曾提出一个教师成长公式——"经验＋反思＝成长"。反思要做到坚持创作与高校教学过程密切相关的日志，对优秀教师的教学过程进行观摩考察，对自身的教学体验进行实践升华。

四、互联网推动高校语文教学硬件的优化

电教手段能使语文教学变得生动、形象、直观、有趣，能充分激发高校学生的学习兴趣，能调动高校学生学习的主动性和积极性，能强化高校学生对知识的记忆，有利于知识的巩固和提高。由于高校学生把主要的精力投注于与自身未来发展关联性密切的专业技术课程，因此语文对高校学生来说相对乏味，并且与就业关联不大，所以，很多高校学生认为学语文没有什么价值，并且由于很多高校学生基础知识较差，开始学语文还有些兴趣，随着专业课比重的提升，语文学习难度的增加，越来越感到困难和乏味。在这种情况下，信息化教学就显得更为重要，因为，它能够为语文教学建构学习知识的氛围，在这样充满交际性的环境中，使高校学生在课堂上能够全身心地投入高校语文课程的学习中。高校学生一旦与所学知识产生积极互联，就会激发其产生成就感，学习动力也就有了不竭的源头，

主动性和积极性也被调动起来了。并且由于其直观性主要作用于高校学生的视觉器官，把教学的内容以画面的形式演示，使其集中注意力，培养其观察能力和思维能力，同时借助这样的方式传播知识印象深刻，能给高校学生提供大量的色彩鲜明、真实生动的视觉形象，有利于加深教师传授知识的印象，方便教学。并且教师和学生之间可以开放性、全时空地沟通，通过这样极具现场性的沟通方式，长久地坚持下去，学生的语感就会大大提高。此外，多功能语音室还具有监控功能和统计功能，教师可以及时了解学生的实际水平与存在的缺陷和问题，并以此制定相应措施，对症下药，查漏补缺，逐步提高学生的听力水平。如加强阅读训练，教授高校语文《宝玉挨打》一课时，在对有关知识掌握的基础上，让学生欣赏由王扶林导演的央视版《红楼梦》中的精彩片段。影片中的美景，加之宝玉扮演者欧阳奋强等人的精彩表演，让学生观其色、听其音、看其像，如临其境，进一步加深学生对课文的整体理解，提高学生的听力水平。而多媒体的利用，可全面调动学生的视听感官，引起广大师生的兴趣和关注，优化教学过程，提高教学效率。

第三节　互联网与高校语文教学整合的理论依据

一、互联网与高校语文课程整合的设计定位

互联网与高校语文课程整合的设计定位就是要求在先进的高校语文思想的指导下，把以计算机及网络为核心的互联网作为提升高校学生对语文学习兴趣的认知工具、情感激励工具、丰富教学环境的创设工具，并将这些工具全面地运用到语文教学过程中，使各种教学资源、各个教学要素和教学环节，经过组合、重构，相互融合，在整体优化的基础上产生聚集效应，从而促进传统的以教师为中心的教学结构与教学模式的根本变革，达到夯实基础知识、培养高校学生人文精神的目标。

此外，互联网与高校语文课程整合意味着在课程的学习活动中结合使用互联网，以便更好地完成课程目标，它是在语文课程教学过程中把互联网、信息资源、信息方法、人力资源和课程内容有机结合，共同完成课程教学任务的一种新型的教学方式。而且互联网与高校语文课程整合强调互联网要服务于高校语文教学，强调互联网应用于语文教育，而且从宏观目标上可以定义为建设数字化教育环境，推进高校语文教育的信息化进程，促进高校语文教学方式的根本性变革，培养高校学生的创新精神和实践能力，实现互联网环境下的素质教育与创新教育统一。但是，每门课程都有自身

的学科特色，所教授的内容也是不同的，所以，互联网与高校语文课程整合也应该有其独特的目标，即培养学生的动手、观察、认知、想象等能力，让高校语文在互联网的支撑下，在活泼可爱的学生手中真正地"活"起来，使教师教起来更容易，使学生学起来更起劲。

二、互联网与高校语文课程整合的关键路径

互联网与高校语文课程整合是一种信息化的学习方式，其根本宗旨是要培养高校学生在信息化的环境中，利用互联网完成语文课程学习的目标。因此互联网与高校语文课程整合教学模式和教学策略的研究尤为重要，它应符合以下基本要求，即要求学习是以学生的个体需要为中心，以有关语文知识的问题为关键，以交流讨论为基础，以培养学生的创造性为目的。

互联网与高校语文课程整合的基本策略包括学习环境和资源创设情景的信息化，高校学生的思维观察的动态化等，要培养高校学生自主发现、探究学习等诸多方面的能力。

三、互联网与高校语文课程整合的基本形式

（一）把互联网作为学习对象

目前，高校开设了信息网络技术课程，将高校语文知识加入课程教学中。在深化互联网内容的落实中，全面融入高校语文课程。现在，许多高

校互联网课程教材都注意到了这一点。如在信息网络技术课程中学习汉字输入，可以融入语文课的拼音练习和组词练习；学习绘图软件可融入几何知识和美术知识学习；搜索引擎可涉及网上检索语文学科专题信息练习等。总之，信息网络技术课程与其他各学科课程有着广泛的整合切入点，并可成为各学科知识综合运用的园地。这种整合方式由于主要落脚点是信息网络技术知识和技能的学习，对其他学科来说是副业，所以对各学科不能进行系统整合的教学设计。

（二）把互联网作为教师教学的辅助工具

这种方式是指教师把互联网与教学相融合，令其在课堂上发挥作用。在这种方式中，最常用的模式是"情境—探究"模式。该模式的基本内容是建构特殊的高校语文教学环境，帮助高校学生在自主思考中加深对语文知识的认识，深化运用语文知识发现问题、分析问题、解决问题的能力，并在这个过程中促进自身人文素养的发展、情感态度价值观的优化。

（三）把互联网作为高校学生学习的认知工具

互联网的独特优势在于其在运用中，可作为高校语文课程学习内容和学习资源的基本工具，如作为情境探究和发现学习的工具，作为协作学习和交流讨论的通信工具，或者作为知识构建和创作实践的工具，作为自我评测和学习反馈的工具。总之，高校学生自己主动选择利用互联网工具，去完成学习的各个环节，达到学习的目标。根据互联网作为认知工具的应用环境和方式的不同，又包含基于建构主义的自主学习模式、基于网络的语文研究性学习模式、基于互联网的校际远程协作学习模式、基于专题研究的开发性学习模式等。

第四节　互联网与高校语文课程整合的实践路径

一、互联网与高校语文教学环节的整合

（一）运用互联网提升备课质量

互联网可以运用到备课中，具体来说就是以高校语文学科和高校学生自身的特点为基础，综合运用互联网收集与高校语文教学有关的素材，如诗歌、散文、戏剧等，并以此为基础形成课堂教学预设的各个环节。运用互联网将自己准备的诸多内容，以诸如幻灯片等信息载体的形式表现出来，还可以利用互联网将与高校语文教学有关的内容进行网络共享。

（二）运用互联网课堂改进授课效果

语文教学方法有很多，教师试图将语文知识传递给高校学生的整个互动过程称为高校语文课堂讲授。传统语文教学多以教师为知识元的一维灌输，由于其趣味性不高以致高校学生感觉学习索然无味，学习效果大打折扣。然而，当高校语文教师将现代互联网整合进课堂之中，依靠多媒体和网络

形式多样的特色，发挥多媒体信息量丰富、图文并茂、快速方便的技术优势，帮助高校学生学习字词、了解语言、分析文章，达到事半功倍的效果。

如在学习中国古代文学的有关内容时，由于这些知识在现实的语言交际中使用不多，同时缺乏相应的生活场景铺垫。因此，为了更好地理解课文内容，开阔学生视野，丰富知识，引导学生上网搜索与所学内容有关的中国古代文化的音像与图片，让学生通过相互交流、彼此沟通，从而在头脑中构建起相应的思考背景，为以后知识学习打下良好的感性基础，也为学生提供遇到问题自己解决、学会主动学习的途径。此外，为了使学生更好地掌握诗词内容，提高他们的口语表达能力和想象能力，让他们通过声画同步的画面自己创设情景。如在讲解元曲《秋思》时，教师向学生展示了一幅以《流浪歌》为背景音乐的深秋图：西风萧瑟的季节，地上没有红花，树上不见绿叶，只有干枯的藤，苍老的树，归巢的晚鸦，清冷的溪水，落寞的小桥，孤单的旅人，让学生根据自己的理解进行构思、描述。伴着思乡的歌声，学生把凄凉、萧瑟、充满离愁的意境描述出来，有的学生还为游子有家不能归的无奈流下了眼泪。运用互联网与语文课堂相结合的多种表现手法，既消除了高校学生学习的紧张感，又扩大了时空观，大大提高了高校学生学习的效率，使教学难点迎刃而解。

（三）运用互联网盘活第二课堂

第二课堂活动指的是为了延展高校语文课内教学安排的各项学习，从而将部分内容位移的过程,常见的第二课堂活动有辩论、专题性突破等形式。

将现代互联网融入教学活动中,目前最受重视的还是网络课题式学习。学生选择适当的课题,从网络资源中自行寻找问题与解答方法。学生成为自主的学习者,以主动积极的方式探求知识,不但学到了自行寻求资源解决问题的态度与方法,使学习过程变得活泼生动,自主认知的知识也令学生印象深刻,不易遗忘。鉴于此,教师在课前布置预习作业,是有效培养学生动手操作能力的重要方法。如某语文教师授课的一个实验班,共有48名高校学生,其中有几名学生计算机操作水平较高,能根据自己的需要从网上查找各种信息。其余学生在选择内容时,由于自身互联网水平不高,所以操作速度不快。为此,把他们互相搭配分成几组,由教师根据内容布置需要预习的问题,学生围绕问题上网自学,为了提高效率,每人负责一个问题,然后各组讨论总结出自己的学习成果。如教师在讲授《葫芦僧判葫芦案》前,给学生提出了四个问题:作者生平及经历、《红楼梦》一书的成就、前几回的内容梗概、本文在全书中的地位。在预习的过程中,学生之间积极互助,合作意识强,讨论气氛热烈。这不但锻炼了学生计算机操作的能力,还锻炼了他们自学和收集处理信息的能力。与此同时,学生还了解了许多关于《红楼梦》的知识,如《红楼梦》中的主要人物评析、全书内容的了解、优美诗词的赏析等,使学生对《红楼梦》这部古典名著有了较为深入的了解。在展示学习成果时,同学们跃跃欲试,自己对课文的理解、自己对当时社会背景的分析、谈自己对红学的看法等，为理解课文内容打下了基础。

（四）运用互联网优化高校学生评价

评估是指学习课程内容结束后的表现，即高校学生进行的评价活动，包括实施过程的评价和评估结果。评估方法包括使用软件统计数据、分析图表，教师根据分析结果调整教学内容及进度，以加强学习效果。

二、互联网与高校语文教学方法的整合

（一）具象文本内容，提升综合素质

高校语文新教材中，有许多文质兼美的经典传世之作。对于这些古今中外的诗词文赋，咀嚼鉴赏，高质量的诵读是最为直接、有效的办法，这比任何枯燥的、空洞的分析解说要好得多。此时给文本配上合适的声音和图像会令意境全出，在美的氛围中更能体味文本的内涵和美。这是一种惬意的、诗化的教学境界，在这种境界之中，学生的文化品位和审美情趣会日渐提高。

（二）整合多元资源，奠定知识基础

现代互联网打破了只有教师占有资料的统治局面，教师的资料可以凭借多媒体与学生分享，学生也可以随时从网上获取一些相关的资料，如作家作品介绍、时代背景、写作情况等。不仅便于高校学生知人论世，加深

对作家的认识、对作品的理解，而且利于他们进行研究性的学习，还可以逐渐培养学生做学问的良好习惯和善于钻研的科学精神。

（三）营造联想意境，激活高校学生思维

语文的主要表现形式是文字，而文字是实际生活的反映，所以注意调动多种艺术手段将文字与具体的事物进行转换，更能显示两者之间的关系，从而激活高校学生的思维。如一种秋天的思绪，马致远用"枯藤老树昏鸦"等文字来表达，那么多媒体可用一支乐曲、一幅图画等方式来表现。人物的一颦一笑、言行动作，小说家用文字来描绘，而多媒体用演员表演来体现，让学生有更加直观的感受。多项的艺术联想与转换增设了教学情景，提高了教学效果。

（四）丰富对话渠道，改进师生互动

交互性是现代互联网的重要特征之一，多媒体和网络的使用，大大地拓展了高校学生讨论与交流的渠道，使小组活动、班级活动更易组织。师生之间、生生之间的交流更为广泛和便捷，尤其是可以不受课堂时空的限制，通过网络与外班、外校交流。这样，相互间的信息反馈也更为及时，既便于教学的调控，又便于互相促进，真正能够做到在交流中增进合作，在合作中加强交流。

三、互联网与高校语文教学内容的整合

（一）阅读教学整合

在阅读教学中，要完成教学目标，关键是要让每个高校学生都能全身心参与学习过程。在互联网环境中，学生有充分的时间主动感悟、收集和分析相关的信息，对所学的问题进行思考、讨论，提出各种假设并努力加以验证，再经过引导步入新的境界，使学习主体参与教学，形成"发现问题—积极探究—追求创意"的模式，促进学与教的优化。如在《郑伯克段于鄢》这篇文章中，教学重点是让学生理解个性化的人物语言，掌握刻画人物性格的方法，进而感悟到郑国最高统治者内部夺权斗争的尖锐性和残酷性，也更深刻地感受到《左传》的行文特点。教学目标是通过课文的学习，训练学生的阅读能力。

①让学生上网查找《左传》的有关资料，以幻灯片的形式把查阅的资料向同学们展示。

②了解并分析故事发生的社会背景。

③播放一段视频或展示一些图片，让学生对当时的社会伦理与道德风尚有所了解。

④提出问题：郑庄公通过怎样的政治手腕击败了共叔段，你对其中体现的嫡亲之争有何认识？

⑤能力拓展：请说或写一段话，对比故事中的骨肉相残，你对身边亲子、朋友间的真挚感情又有了怎样的理解？

⑥相互交流与相互评价：将自己的短文在同学之间，甚至在互联网上加强交流，相互评价。

（二）作文教学的整合

写作教学一直是高校语文教学的一大难题。与传统写作教学相比，把互联网引进写作教学，明显提高了写作教学的质量。

经过研究，我们创建了"双主作文教学模式"，这种模式既突出了教师的主导作用，又突出了学生的主体作用。这种教学模式是由以下几个环节组成的。

第一，创设写作情景——通过多媒体和网络，为学生创设一定的情景，从而激发学生写作的热情和冲动。写作的兴趣始于视听的冲击和心灵的感染。因此，写作文前如果有意识地把学生外出活动的情景、生活中的画面、大自然的美景录制下来，在课堂上根据需要播放画面，使学生感悟形象，心灵受到感染，就会激发学生的创作热情。

第二，铺设写作素材——运用互联网进行作文教学时，学生可随机到网络上寻找素材。这样的作文教学方式，使学生的主观感受得以表现，内心情感得以流露，个人智慧得以展现，激发学生的求异思维，使学生的想象力由再现想象向创新想象发展，为学生的个性发展提供空间，使作文课成为欣赏课，从而实现"要我写"到"我要写"的巨大转变。

第三，优化创作过程——学生通过键盘把自己构思好的内容转化为书面语言，输入计算机，并对文章的不当之处进行修改加工。

第四，创新文后评价——经学生互评、老师点评后，将学生修改的作文上传到校园网发表。传统的作文教学，往往是高校学生把作文上交给老师批改，同学之间缺乏交流，互改作文层次不一，能力提高慢，但现在利用高校校园网就可以克服这一不足。学生的作文以移动工具或电子邮件的形式上交给老师，同时也保存在自己的文件夹中，上传后的作文可以让所有的学生在网上共同阅读。学生在浏览其他同学的作文后，以小组形式讨论，互相批改，写出批改评语。然后教师有的放矢地对修改后的几个同学的作文进行点评、总结。这种修改方式方便快捷，提高了反馈作文的效率，真正实现了资源共享和广泛互动交流。另外，高校学生对于自己比较满意的作品，可以汇编成《我的作文》，自己编辑、排版、绘制插图、制作封面，放在校园网上供全校师生欣赏。

（三）与综合性学习教学的整合

目前，综合性学习是新课标对高校语文教学提出的教学目标之一，新课标明确指出高校学生要逐步掌握综合性学习的能力。同时，新课标中也提到，综合性学习要求高校学生利用互联网查找和收集资料。在此，本书把互联网与高校语文综合性教学的整合划分为三个环节。

第一，细心设计问题，推动高校学生思考。这个阶段是教学设计的准备阶段。首先教师应根据学生本身的学习能力和知识背景，依据高校语文学科的特点，为学生选择具有挑战性或学生比较感兴趣的问题，所给出的问题要具有选择性和灵活性，所选问题最好与学生的知识、经验结合起来，使他们可以根据已有的知识基础，利用网络和其他相关资源就能够解决问题。教师在设计问题时要认真分析学生现有知识水平与实践能力，紧紧围绕教学目标，要明确学生在课前需要具备哪些知识，学生在课程结束时需要掌握什么知识和具备什么技能。

第二，耐心点拨高校学生，有效利用资源。今天的互联网已经为全人类所拥有，每天都有新的网站加入、移动或删除。如谷歌的搜索引擎能浏览上亿个网页。为了使学生不会迷失在信息的海洋中，教师应当给学生提供解决问题的学习资源，其中包括相关的网络地址、参考书目、文献索引，以及其他多种媒体资源，教师还应该向学生介绍当前有效的网上信息检索的工具，以便于学生查找信息，从而降低学生查找信息资源的盲目性，少走弯路。同时要注意筛选、分析、加工信息，在具体落实中，学生应以小组的方式阅读、筛选、分析、讨论所获得的信息，对这些信息进行甄别，选择与问题相关的，同时对信息的来源和原始信息做好记录。然后学生将收集到的信息进行分类，及时收集更多信息，将信息按类别组织，形成纲要。在此过程中，教师应明确地告诉学生要完成任务需要的时间是多少，并对学生在信息的收集、整理、分析过程中可能遇到的问题进行答疑。教师应随时监督学生学习的过程，同时要鼓励学生积极评价所收集到的资料的实用性，并删除错误的或误导的信息，最后对满足需要的信息按照事理之间的逻辑性进行组织。生生之间的相互交流是基于网络这一资源的，它是保证学习效果和质量的一个重要因素。学生可以面对面地探讨问题，还可以利用互联网提供的 E-mail、BBS、聊天室等交互手段进行学习交流，使交流变得开放和随意，可以做到畅所欲言，学生之间可以相互启发、相互帮助、开阔思路、共同提高。

第三，精心构建体系，适当予以评价。评价是教学设计开发的一个重要环节，它包括学生在资料查询期间的形成性评价和资料整理后的总结性评价，还有小组之间和学生之间的互评和自评。形成性评价是资料查询阶段的反馈过程，它的目的在于不断调整和修正学生分析、思考的要点，为高校学生得到合理答案提供正确的指导方向。总结性评价是在学生对查到的有用信息整理分类后，用工具或页面将其条理清晰地呈现出来，高校学生作为"老师"讲述他们从查询信息中得出的结论，教师在听学生讲述的过程中，可以随时根据展示内容提问，在听完学生的讲述后，教师可以从准备资料是否充分准确、发言是否条理有序、结论是否科学合理等几个方面对学生的学习成果进行评价。另外，可以将学生个体的自评同教师、其他学生的他评结合起来，使得到的结论更加真实。教师还应当与学生共同回顾概念形成或问题解决的过程，分析学习过程中运用和发展了哪些信息技能、掌握了哪些知识、有没有更好的途径等，分析利弊以利于高校学生信息收集处理能力的形成和提高。

（四）互联网与高校语文教学模式的整合

把传统的教育教学模式与互联网结合起来，探索提高教育教学质量的新途径，同样是课程整合的有机组成部分。把互联网与高校语文教学模式进行整合这方面，具体有以下几种：

1. 呈现式教学模式

所谓呈现式教学模式，是指教师事先利用各种教学软件，制作好教具，然后在教学过程中按照教师的意图进行播放，依次展示给学习者，促进学习者的认知的教学模式。这也是最常用的、最简单的教学方式。如在教授《贝多芬百年祭》时，用幻灯片展示贝多芬的作品集。学生通过点击每张幻灯片便可以听到与此内容相吻合的音乐片段，从而帮助学生增强对贝多芬及其音乐的了解，为学生加深对课本内容的认识提供知识背景。

2. 自主学习教学模式

素质教育提倡"以学生为主体"的教学思想，还学生主动思维的空间。互联网整合到高校语文学科教学当中，就是培养高校学生主动参与学习的思维意识。如许多高校语文教师都感到高校语文作业中最难批改的是作文，即使老师批改过了，学生也懒得看一眼。我国高校目前的班级人数多，又不可能做到每一个都当面批改，怎样才能达到作文教学的最佳效果呢？有位教师在授课时充分利用了互联网进行教学。每一次批改作文时，教师都留心挑出能代表大部分学生造句模式的典型错误或有代表性的优秀习作，利用PowerPoint演示文稿制作出幻灯片，将有错误的地方或精彩的语句用不同的颜色显示出来，让他们自己修改病句或欣赏优秀习作。在一次作文课上，教师将一篇学生习作展现在屏幕上。然后，教师将全班学生分为若干小组，让他们对照评分标准对该作文进行评分，并派代表说出评分理由。以往常常是老师讲评，学生接受，但这次角色转变了，学生们体现出了浓厚的兴趣。其中有一个小组提出了以下意见：该作文结构清晰，基本完成了试题规定的任务，覆盖了题目要求呈现的所有主要内容，易于理解，但存在一定量的语法结构和词组应用方面的错误，所以给出较低的评分。他们的意见得到了多数同学的认可。随后，教师要求学生对文章提出修改意见，并在他们兴趣高涨的时候把能表达他们心中所想的内容一一通过多媒体演示出来。此举不仅活化了知识材料，调动了学生的学习积极性，还巩固了知识，提高了学生的语言表达能力，有效地增强了学生学习的主动性。

3.研究性教学模式

研究性教学模式，就是运用网络信息资源对当前学科的教学问题进行探讨与研究。这种模式可以用来扩展知识，培养高校学生的自学能力。高校语文教学中要涉及语言的自身规律和相应的社会环境、风俗习惯、民族心理、历史文化等，这些东西对学生来说是陌生的、难以理解的。教师可采用研究性教学模式，根据高校语文课程的教学内容，利用互联网提供的"加工工具"将所呈现的学习内容进行收集、加工、分析、处理，整理成多媒体、超文本的学习资源，或者使用网络，为学生创设一种直观形象、生动有趣、便于理解记忆的语言环境和语言交际情景的场面，让学生在学到课本知识的同时，开阔视野，能力强的学生也能学到更多的知识。如教师在指导学生学习《悼念乔治·桑》时，学生对法国著名作家乔治·桑了解比较少，所以对其非常感兴趣，因此，教师抓住讨论《悼念乔治·桑》一课的机会，给学生展示了中央电视台制作的乔治·桑的专题节目，让学生在环绕立体声电影的环境下，真切地感受到了她生活的场景，许多学生都为乔治·桑瑰丽的生命历程感到震撼。而在整合课上，教师带领学生进入关于主人公的一个网站，让他们自由查询关于主人公的内容，帮助他们顺利找到了大量关于主人公的介绍。传统的阅读准备课程往往是教师准备大量图片或文献资料给学生讲解，教师讲得口干舌燥，但学生不以为意，一黑板的文字更令学生感到索然无味，但是采用网络及多媒体的教学手段，这节课变得充满乐趣，有助于加强学生对学习内容的理解和学习能力的提高，还进一步培养了学生的探索精神和创新能力，教学效果更加明显。

（五）互联网与高校语文学科特色的整合

从语文学科的特点看，高校学生所学的语文知识不仅是前人创作的结果，也是当代人思考的结晶。学习这些知识必须通过自己思考、自己感知、自己体验，把他人的思维结果转化为自己的知识结构。中国著名语文教育家吕叔湘指出学习语文的正确方法是实行"再创造"，也就是由学生本人把要学的东西自己去发现或创造出来。作为教育者要突破传统方式，以现代教育理论和教育媒体为依托，不断探求以学生为主体的教学模式，以达到有效地实现知识训练能力的价值。互联网的应用可以帮助教师"描述"思维过程，但不能"再现"思维过程，因此在语文教学中应用互联网，教师必须进行两方面的分析。一是分析学生，在这里尤指分析高校学生的语文思维发展水平，它包括学生的认知发展水平、非智力因素的养成两个方面。教师所要讲述的问题，学生经过深入思考能否内化成自身的认知体验，还是绝大多数人无法理解抑或绝大多数人都能很快解答，他们对这一内容是否感兴趣，这些分析对教师如何应用互联网起着决定性的作用。二是分析教材，在这里要强调分析教学内容中是否存在一些用常规的教学媒体无法表现或不能很好表现的地方，进而分析计算机媒体所擅长的动态演示，图、文、声并茂的功能对此处的教学是否有利。有了这两方面的思考，教师才有可能在教学中更好地应用互联网，通过各种手段，包括适时、适量地讲解来展现思维过程。运用现代互联网，依据高校学生的思维特点和阅读习惯，激活教学内容，再现知识的进展过程。

（六）互联网与高校语文教师技能的整合

课堂教学技能作为一种教师职业技能，是由十种要素组成的，它们是导入技能、语言技能、讲解技能、提问技能、变化技能、板书技能、反馈技能、演示技能、结束技能、课堂组织技能。这些技能各有侧重，是构成课堂教学技能的基本要素。这些技能在互联网环境下渗透了互联网要素。下面对四种有代表性的课堂教学技能在互联网环境下的特征进行分析。

1. 导入技能

导入是教学进入新课题时的教学行为，导入技能的基本任务是引起高校学生的学习兴趣，形成学习动机，以及为产生教学过程的动力创造条件。传统导入方法有上课时的开场白、实物演示、实验和提问等，在互联网环境下，语文教师可以通过播放课件、视频、音频材料、计算机模拟演示、上网查询等方式导入新课。多样、巧妙地导入技能，更易于引起学生的学习兴趣，形成学习动机。

2. 语言技能

语言技能是指使用语言传播教育教学信息的一种技能，该技能的获得与教师的语言能力、训练情况等有关。在互联网环境下，可以利用现代互联网手段培训教师的语言技能，更重要的是可以借助互联网手段如电声教学媒体，以语言为载体传递教育教学信息。语文教师使用扩音设备教学的技能、使用互联网进行语言教学的技能、使用语言实验室的教学技能，都是语言技能在互联网环境下的扩展。

3. 板书技能

传统的板书技能主要是指用粉笔在黑板上书写教学内容的技能，包括文字的书写、板面的布局、文字书写的先后顺序等技能。在互联网环境下，由于黑板不再是书写教学内容的唯一地方，课件、PowerPoint 演示文稿、网页等都是教学内容呈现的载体，字体字号的选择、页面的布局、教学内容呈现的先后次序等都是互联网环境下语文教师课堂板书技能的重要内容。

4. 课堂组织技能

传统环境下，课堂教学的组成要素是高校学生、教学内容、教师。在互联网环境下，课堂教学组成要素增加了一项重要内容——教学媒体。教学媒体与课堂亲密接触，使课堂教学组织形式出现了新变化，即在课堂上何时使用教学媒体、使用多长时间为宜，在网络环境下如何组织教学，这

些为课堂组织技能添加了新的内涵。简言之，互联网环境下的课堂教学技

能被赋予了新内涵，语文教师的课堂教学技能呈现出新的特征。

第五章 现代教育技术与大学语文的融合与应用

第一节 现代教育技术概述

随着信息时代的到来，以及我国教育教学改革的不断深入，现代教育技术已纷纷进入了各个高校。如今的高校教育正肩负着培养高素质现代化和信息化的实用技术型人才的重任，现代教育技术的推广与普及，为高校人才的培养提供了新的契机。以计算机多媒体技术和网络技术为核心的现代教育技术在大学语文教学中的运用是时代发展的必然趋势，也是改变目前大学语文教学现状和提高教学效率的有效途径。现代教育技术在语文教学中的运用，不仅有助于语文教学质量的提高，还对提高学生的综合素养、养成自主学习和终身学习的品质具有重要的现实意义。

容世彦与和仲池对现代教育技术的定义是："以现代教育理论和思想为指导，使用多媒体技术的手段和方法，通过对教学过程、学习过程和教学资源、学习资源的设计、开发、利用、管理和评价，实现最理想的教学，让学习变得更有意义，促进学生全面素质发展的理论与实践。"[1] 李兆君、

---

① 容世彦，和仲池：《现代教育技术基础》，宇航出版社 1999 年版。

刘天华等提出现代教育技术是指在现代教育理论的指导下，利用现代信息技术对教学过程和教学资源的开发、设计、利用、评价和管理，从而实现教学优化的理论和实践。黄堂红对五种现代教育技术专家的解释进行了概述，详细分析了该概念，同时指出现代教育技术的种类，它包括模拟音像技术、数字音频和视频技术、计算机多媒体技术、卫星广播电视技术、互联网通信技术、人工智能技术、虚拟现实仿真技术。黄荣怀、沙景荣认为以现代教育技术为突破口，逐步深化教育教学改革已成为人们的共识，而且与素质教育、信息化教育、创新教育、培养创新人才、建立终身学习体系等重大问题密切相关。综上所述，现代教育技术是指在现代教育理论和教学思想的指导下，将计算机技术、网络技术、多媒体技术与现代先进的教学方法运用于教学活动的一个整体概念。

现代教育技术具有如下的特点。

（1）信息传输量更大、更便捷。以多媒体和网络为核心的现代教育技术能实现网上资源的共享。人们可以通过互联网的搜索网站，迅速地找到自己所需要的资料，且一目了然，甚至可以利用网络在任何时间、任何地点以声音、图像或影像、数据等多媒体方式相互交流和传递信息。

（2）呈现方式多样化。多种媒体的组合，实现外部图像、声音等各种媒体信息的融合，并通过计算机来进行加工与处理，然后以文字、图片、声音、视频等多种方式输出，实现输出方式的多元化。

（3）网络的交互性。信息时代的到来，互联网的飞速发展，打破了时间与空间的限制，实现了人与机器、人与人及机器间的互动交流的操作环境，并给人带来一种生动逼真的情境。另外，还可通过网上邻居、网络传输快捷地实现信息资源的共享。E-mail、BBS、Blog、Vlog及各种即时通信工具更是为人们的交流与沟通提供了更广阔、更自由和更轻松的平台。

第二节　现代教育技术在大学语文教学中的必要性与可行性

在大学语文教学中，为什么要将现代教育技术运用于其中呢？分析和解决这个问题便是现代教育技术与大学语文教学整合的前提条件。之所以是前提条件，主要是从两方面来进行考量与认识的。首先，只有分析和证明在大学语文教学中运用现代教育技术的必要性和可行性，才能顺理成章地阐述现代教育技术在大学语文教学中的应用。其次，只有证明了现代教育技术在大学语文教学中所占的位置，才能以最合理的方式来对待现代教育技术的运用。

一、现代教育技术在大学语文教学中应用的必要性

（一）时代发展的需要

进入 21 世纪，人类社会迈入了一个高科技飞速发展的时代——信息时

代。在这个知识"大爆炸"的时代，信息量迅猛增加，学生所需要学习和获取的知识也在不断增加，但教材的信息量和知识结构相对落后，传统的教学模式受到了巨大的冲击，已明显无法适应信息时代经济和科技发展的要求。

在这种社会背景下，如何才能使我们的教育紧跟时代步伐？这很大程度上需要将现代教育技术引入教学中来。因为教育技术的融入，可以使教育面貌发生翻天覆地的变革，它不仅可以改变传统的教学手段，活跃教学氛围，在教学思路、模式和教学方法上、教师和学生的角色定位上都能够开辟新的途径，提高教育教学的效果和效率，推动并促进教育教学改革的不断深入和发展。

在知识"大爆炸"的时代，社会分工逐渐细化，用人单位对人才提出了更高的标准，越来越看重学生的综合素质。因此，高校教育的培养目标也在相应地发生改变。按照高校教育原有的人才培养策略，学生的专业培养是教育教学的重点。在这种策略中，明显忽略对学生其他能力，如社会适应能力、团队合作能力等的培养。学生的综合素质有所欠缺，同样会导致在就业过程中遇到阻碍。因此，高等教育应以素质培养为本位，重视学生的整体素质的培养，让学生在充分掌握专业技能的基础上，成为综合素质高、具有社会责任感和完善人格的可用之才。

对语文学科来说，在高等教育的课程体系中正确地把握自己的定位，是其发展之道。在变化迅速的大背景中，要有良好的心态和高等教育的服务理念，让大学语文脱离专业的寄生关系，更好地服务于高等教育。因此，大学语文教学应该结合专业特点，注重知识的应用性与实用性，和谐发展语言能力和职业能力。大学语文是一门公共基础课，它注重高校学生的整体素质，是人文性和工具性的统一。其丰富的内涵和强大的包容性在培养学生综合素质方面产生了极大的影响。一方面，语文教学细致剖析文学作品的深层内涵，形成独特的情景来感染、熏陶、影响学生的思想和情感，从正面引导学生树立正确积极的价值观、健康向上的性格。另一方面，语文基础教学是实现应用技术型人才培养的有力助推器。如果仍然坚持传统观念，继续沿用传统的教学模式，势必成为时代的落伍者。所以，将现代教育技术运用于语文教学，是培养时代所需人才的必然要求。

（二）语文学科自身发展的需要

从语文学科的特点来看，它不仅有着其自身的学科体系，还是一个融其他学科（如历史、地理、人文、宗教、科技等）知识、观点和方法为一体的具有综合性、系统性的交叉学科。而这些学科都与时代紧密联系。现代教育技术的运用不仅有利于语文教学知识的拓展，有利于课内与课外相结合，还为学生的语文学习创造了更为广阔的时间和空间，并为各学科之间的相互联系提供了更便捷的途径。

从大学语文课程改革的情况来看，课改导致了语文教学课时的紧张。教学内容在不断更新和增加，而课时却在相应减少。通过调查，笔者发现在各院系的人才培养方案中，语文在课程体系中所占的比重在逐渐下降，能否在有限的课时内完成规定的教学任务成为每个语文教师极为关注的问题。目前，教育技术已经在各个高校得到了广泛的推广，这一点从学校的相关设备情况可以反映出来。教育技术的普遍推广和使用，推动了高校各项教学改革，同样在语文教学方面，也在不断地改善着语文教学环境，其突出表现为教学模式的转变，即基于计算机网络的语文多媒体教学模式的应用。这种多媒体教学模式为教师和学生同时提供了一个非常开放和自由的多媒体网络环境。信息化网络教学令语文学习具有广泛性、丰富性和多样性，能全方位地刺激高校学生。高校学生在学习的过程中，可以就听、说、读、写等方面的问题在开放、自由的网络平台与其他同学进行交流和讨论，通过相互的帮助、启发、评估和开阔思维来激发学生的学习兴趣，使其语文应用能力得到共同的提高。现代教育技术的发展对语文教学而言是功不可没的，它深刻地影响了语文教学的方方面面，尤其是显著提高了语文课堂教学的实际水平。

（三）现代教育技术与大学语文教学的契合

在大学语文教学中，要想实现现代教育技术的有效运用，需要在理论层面对其进行更深入的研究。从现代教育技术与大学语文教学的契合点出发，分析现代教育技术在大学语文教学中的定位、现代教育技术条件下语文学科的特性、现代教育技术与语文学科的融合，从这三个方面进行论述，从理论上明确现代教育技术与大学语文教学相结合的必要性。

1. 现代教育技术在大学语文教学中的定位

为了实现现代教育技术与语文教学的整合，应先对现代教育技术在大学语文教学中所处的地位，其对语文学科产生哪些作用有一个清楚的认识。只有厘清了这些，才能在语文教学过程的运用中为现代教育技术找到最合理和适当的位置。

（1）现代教育技术是教学的辅助工具，用来实现语文教学的优化。对大学语文教学来说，现代教育技术就是一个辅助的工具，其产生的影响和意义与粉笔、黑板对教学的意义没有本质上的区别，它们都是为教学提供服务的工具，而真正对教学产生重要影响的不是技术，而是将这些教育技术运用于教学中的人。在语文课堂上，教学能否成功，关键不在于是否运用了现代教育技术，而在于教师能否将这些技术较好地运用于语文教学中。在教学中，教师的地位是不可能被现代教育技术取代的。之所以使用现代教育技术，并不是要向学生展示多媒体、网络等技术的多姿多彩，而是希望通过现代教育技术的运用，更好地紧扣教学内容，突出重点，抓住学生的注意力，从而有助于教学任务的实施和完成，并取得良好的教学效果。

（2）现代教育技术与传统教学媒体和教学手段的关系。现代教育技术的发展，对传统教学媒体和教学手段都产生了巨大的影响和冲击，但这种冲击并不是要对传统进行全盘的否定。相较于传统媒体，现代教育技术确实拥有着强大的优势，但它并不是"超媒体"，只是对传统教学媒体进行更好的拓展和补充，而不是取而代之。所以，无论教学媒体如何发展，这些媒体都拥有自身的价值而不可替代。至于在教学中选择哪些媒体，其重要的依据之一就是教学内容，能将教学内容以最合理、最高效的方式传授给学生的媒体就是最合适的。

2. 现代教育技术条件下语文学科的特性

（1）语文的工具性与人文性的统一。与其他学科相比较，语文课程有着其自身的特性，即工具性与人文性的统一，这也是语文课程的基本特点。语文的工具性主要是指在语文学习的过程中，让学生运用语文的能力得到培养和提高，掌握好语文这个工具，能够表达自如，思维活跃，并将文化传承下去。所以，在语文课程中，需要给学生提供更多的时间和空间进行语言训练，在训练中了解语言现象，找寻规律，从而实现培养学生语文能力的目的。而语文的人文性则是指通过丰富的人文资源对学生个性的培养、人格的塑造、精神世界的丰富实施关怀，注重学生树立正确的价值观、培养积极向上的人生观以及健康的审美观等。

语文的工具性与人文性的关系是非常紧密的，两者相互依存、相互促进。只有注重语文的工具性，才能使人文性得到更好的发展。而只有语文的人文性得到充分的重视，工具性才能得到更好的发挥。脱离或肢解文本，一味地进行语言训练或架空文本，忽略语言实践的做法都是不可取的，这些做法对学生的语文学习也是非常不利的。

（2）语文的言语性与情感性的统一。在语文学科自身的特性中，言语性是它区别于其他学科的基本性质之一。叶圣陶曾指出，"平常说的话叫口头语言，写到纸面上称为书面语言。语就是口头语言，文就是书面语言。把口头语言和书面语言连在一起说，就叫语文"①。也就是说，语文学习的过程其实就是学生学习和运用语言（口头语言＋书面语言）的过程。言语性的特点即要求在语文学习过程中的一切活动都必须是为言语活动的开展提供服务的。由此可见，语文课程最重要的目标就是让学生在听、说、读、写的活动中得到充分的锻炼，从而提高学生的语言表达能力。

语文教育的情感性主要表现在以下几个方面。首先，从教学主体来看，无论是教师还是学生都有着丰富的情感，都是有血有肉的生命个体，不管是在课内还是在课外，教师和学生之间都需要进行情感的交流和心灵的沟通，拉近心理之间的距离。其次，从教学目标来看，情感性目标是教学活动的重要目标。在教学中，除了要给学生教授知识和学习方法，还要注重

---

① 叶圣陶：《叶圣陶语文教育论集》，教育科学出版社 2015 年版。

学生积极健康、乐观向上的情感的培养。作为人文性较强的学科，语文教学中的情感目标是必不可少的。最后，从教学内容来看，语文教材中所选择的文本，不管是哪一种文体或形式，无不是作家情感的流露、智慧的结晶，而且一定蕴含着作家丰富的情感因素，这些丰富的情感因素大都是在向人类传递真诚、善良、友好、勇敢等高尚情感。这些文学作品为语文教学活动带来了多种多样的情感素材，为情感性教育活动的开展创造了广阔的空间，这正是语文学科独有的特性。所以，在语文教学过程中，语文的言语性与情感性是相互依存、相辅相成的。一方面，学生通过对文学作品言语的欣赏，充分去感受文本中所蕴含的情感性因素，感受作者通过作品传递出的真情实意，从而实现与作品情感的交会融合。另一方面，学生可以通过语言文字将内心最真实的想法表达出来，实现"文道合一"。

（3）信息时代语文教学内容的新特点。语文是人与人交往中最重要的工具，是人类文化的重要组成部分。作为一门基础学科，语文的教学内容包含阅读、写作、口语交际等。在语文学科中，阅读教学的主要目标是帮助学生掌握阅读方法，学会阅读。

随着信息时代的到来，人们的阅读方式和对象也发生了一些改变。略读和速读越来越受到高度重视。阅读对象也由传统的纸质书籍向电子书籍发展。所以在教学中则应对信息的收集和选择进行更多的考量，指导和训练学生如何在庞大的信息资源中搜寻有价值的信息，通过这种研究性阅读教学的尝试，学生的信息收集、筛选和加工的能力得到提高。

写作教学是语文学科的一个重要组成部分。随着互联网的迅速发展，人与人之间的交流和沟通可以通过电子系统来进行，写作教学也面临重大的变革。写作最重要的就是将自己的真情实感表达出来，而现代教育技术的运用可以让学生更加自由地抒发内心的想法和情感。同时，教师在批改学生作文时也可以借助于现代教育技术，更加省时、省力和直观，更利于师生之间情感的交流、信息的互动。

口语交际主要是培养学生听话和说话的能力。当今社会，人们越来越重视听、说能力的培养，它们成为人们生存和发展必备的基本素质。信息技术的迅速发展，使得人与人之间的口语交际变得十分方便和快捷。因此，为了适应社会的发展，每一个公民都应该重视听说能力的培养，具备良好的口语交际能力。否则，将难以在现代信息技术社会中立足。

3. 现代教育技术与大学语文教学的融合

西北师范大学南国农教授认为，"教育技术与课程整合指将教育技术作为教学辅助工具融入课程中去，以促进学生的学习。也就是将教育技术以工具的形式在教学系统各要素中出现，使其成为教师的教学工具、学生的认知工具、重要的教材样式、主要的教学媒体"①。

北京师范大学何克抗教授则提出，"教育技术与课程整合的本质与内

---

① 南国农：《信息化教育概论》第 2 版，高等教育出版社 2011 年版。

涵是指在先进的教育理念和理论,尤其是'主导—主体'教学理论的指导下,将计算机多媒体和互联网为核心的教育技术运用于教学中,作为认知工具、情感激励工具去促进高校学生自主学习,作为情境创设工具去丰富的教学环境,并将其全面应用到各学科教学过程中,使各个教学要素、丰富教学资源和教学环节,通过整合、组合和互相融合,整体优化而产生聚集效应,从而推动传统教学的根本变革,实现培养高校学生创新精神,提高实践能力的目标"①。

在各位专家思考的基础上,笔者结合本课题,认为现代教育技术与大学语文课程的融合,是指在行为主义、建构主义等教育理论的指导下,将教育技术的优势充分地利用和发掘出来,在特定的信息技术环境中,结合大学语文课程自身的特色,促进课程内容与信息资源的深入整合,以协调的方式推动大学语文教学任务的完成。

二、现代教育技术在大学语文教学中应用的可行性

(一)现代教育技术使语文教学更生动,使学习变得更轻松

大学语文教学中正在使用的教材是经过不断改革和更新的,更加符合现代化教育教学的目标,更加贴近现实生活。然而,有一些与现实生活脱节、比较晦涩的内容,学生接受起来有较大的难度。而学生根据其已有的生活

---

① 何克抗:《中国特色教育技术理论的建构与发展》,北京师范大学出版社 2012 年版。

经验和现有的知识储备是很难找到合适的解决方法的。互联网技术的出现则提供了大量丰富的可用资源，在很大程度上为这样的问题找到了解决的途径。多媒体教学可以在课堂上实现视频、音频等元素的组合搭配，以丰富多彩、交相辉映、声情并茂的方式给学生带来更多的视觉呈现；虚拟现实技术可以实现实时的三维效果，创造栩栩如生的画面，给学生一种身临其境的感觉。互联网不仅可以提供海量的资源，还不受时间和空间的限制，在将教学内容形象化的同时使学习的过程变得灵活有趣。在这样的学习氛围中，加上教师的正确引导，学生的学习过程会更加轻松。从学生的角度来讲，互联网提供的信息经过筛选可以成为语文学习的补充资料，可以用于课前的预习，还可以运用互联网自主地解决一些学习中遇到的难题，使学习效率得到极大的提高。

（二）现代教育技术激发了学生的学习兴趣与热情

在现代教育技术的实际运用中，通过生动、直观的视听资料，方便快捷的沟通渠道，可以大大吸引学生的注意力，激发他们的学习兴趣。兴趣会引导人们去努力认识和理解自己所喜好的事物，在学习中也是如此。不少心理研究的结果都验证了这样的事实，学生在对学习内容充满兴趣时，他的大脑皮层会处于一种兴奋的状态，从而促使他各项智力因素提高，积极地投入精力去学习，这就是"最好的教师是学生的兴趣"的表现。苏联著名教育学家赞克夫曾大力主张在教学过程中努力去调动学生的积极性，关注学生微妙的情绪变化，塑造愉快而活泼的学习情境。在我们现在的教学中，教师有能力将视频、音频等不同元素有机结合在一起，给学生带来多重刺激，以生动、逼真的视觉形象呈现知识，便于学生注意力的集中，引起他们的好奇心，由此产生学习的兴趣。当学生身处新奇、刺激、探索的学习氛围中，他的思维会更加灵活，因而更容易激发想象和创新的潜力。

（三）现代教育技术更有利于培养学生的创新精神与能力

如果对网络教学的认识仅仅停留在制作精美的课件上，那么显然是不正确的。学生如果只是观看课件而没有真正学到知识，那么再多的努力都只是徒劳。因此，教师应该充分利用现代教育技术在语文教学中的绝对优势，激发学生的主动性，提高学生的创新能力。借助网络平台，学生的各种感官系统都可以得到充分调动，一改单纯地听或看的学习状态，让学生全身心地投入学习当中。在多媒体教学中，学生的想象力和创新能力都会得到大幅度的提高。如教师在制作课件的时候分设不同的窗口，让学生来自行讲解，锻炼他们的语言表达能力和创新思维。

在传统的教学过程中，教师居高临下地讲解和传授知识，学生被动地接受，这样的模式会对学生的创造力造成毁灭性的打击。然而，当现代教育手段广泛应用于教学之后，学生在更为丰富的情境中学习，可以充分地发挥自己的主观能动性，根据自己的喜好去选择适合自己的学习方式，拥有独立思考的空间，能更加主动地参与学习，不断地提高自己的创新能力。同时，学生和教师之间的反馈得到加强，教学的理论和实际之间形成良性的循环。通过大学语文教育实践表明，正确地应用现代教育技术可以有效地激发学生的学习兴趣，更好地培养学生的学习能力。

（四）现代教育技术更有助于培养学生的合作精神和实践能力

在课堂教学中有效地开展互动式教学，需要创设合适的语言情境，营造出轻松的教学氛围。就语文教学而言，学生个人的积极参与、学生之间的合作、教师与学生之间的配合都是十分重要的。课堂中除了知识的传授，还要注重学生的实践。语言的学习需要不断地练习，因而生动活泼的语言教学环境显得极为重要。

学生需要自由表达思想、自如交流情感的平台，这也是对学生团队合作能力的培养和学生完整人格的塑造。学生在学习中，不单单是掌握了学习的方法、信息的整合、语言的运用，在此基础上，更高层次的目标是对学生合作精神和实践能力的培养。这就要求学生在合作中学会分享，在互相学习、合作解决问题的过程中不断地锻炼自己的思维能力和创新能力。在现代教育技术提供的良好平台下，学生之间、师生之间的合作和互动应成为课堂教学的主要模式，对学生的培养也应该有所侧重。

在教学实践中，学生的能力应该是教师培养并引导的关键，学生从学习知识转变为提高能力，从以前的"要我学"转变为"我要学"。在多媒体教学环境下，学生与教师交流和沟通的渠道大大拓宽。与之相应，教师也应该转变自身的角色，积极主动地运用现代教育技术于教学中，充分维护学生在学习中的主体地位，激发学生主动参与知识获取的过程，培养其自主学习的意识，促进学生的个性发展。

第三节　现代教育技术在大学语文教学中应用的策略

一、现代教育技术在大学语文教学中应用的经验与问题

就当前教育技术的发展情况来看，在所需硬件方面，大部分高校已初步具备了相应的条件。此外，由于现代教育技术所带来的显著的积极效果，这些院校还将这一技术带到了教学中，并收到了一定的成效。但在语文课堂教学中，与我们预期效果大相径庭的是很多语文教师并没有像我们所想象的那样非常依赖这一技术，主要原因在于这些教师对这些新技术的接受存在一定的迟缓心理，没有表现出运用这一技术的强烈想法。因此，要想真正落实现代教育技术对教育教学产生的巨大推动作用，使教师能够将这一技术与日常的教学活动结合起来，还需要做出更多的努力。

根据前文所述，我们可以吸收和学习他人已经取得的成果进行深入分析。有鉴于此，通过对这些看似杂乱无章的观点进行系统总结，笔者提出了以下观点。

（一）现代教育技术在大学语文教学中应用的经验

如今，世界经济和社会发展无疑都是在向现代化和信息化不断靠拢，对人才的培养也提出了更新的要求。现在的学生仅仅有学业水平是远远不够的，信息检索、收集、分析、筛选、应用的能力才是现代社会需要的能力。许多学校的教师已经意识到了人才培养战略的改变，从而进行了一些行之有效的尝试，并积极积累现代信息技术运用的经验和技巧。以下是对现代教育技术在大学语文教学中应用经验的分享。

1. 现代教育技术的应用丰富了语文教学资源

教师在语文教学中使用网络主要是获取充分的教学资源，这也是现代教育技术在语文教学中使用最为广泛的内容。现今社会的信息化程度越来越高，互联网技术的发展已经十分成熟。在这样的社会背景下，教育行业也争取完成信息化教学转向，不少学校都建立了信息资源库，不同的学校之间还结成了联盟，建立课程信息资源共享的平台，甚至许多著名的专家和教学经验丰富的一线教师都通过建立个人网站、开设网络课程的方式扩大信息交流与共享。这样的发展形势，对语文教学的开展是非常有利的。

（1）利用互联网资源和网络教学，充分激发学生对语文学习的兴趣。网络中的信息元素除了文字，还包括图片、音频、视频、动画等，这些元素不仅可以引起学生的好奇心、吸引他们的注意力，还可以增添他们学习的乐趣，帮助他们更好地理解一些比较抽象的知识。所以，在互联网的无限吸引之下，学生会更加自主、自觉地学习语文知识，其学习动机变得更加明确，分析和解决问题的能力、信息收集和处理的能力都会得到提高，课堂氛围也会更为活跃和轻松。

（2）在加深学生对知识的深层理解的过程中，网络能够展现出极大的优势。一方面，网络中海量的信息和便捷的连接方式，为教师和学生下载相关的学习、教学资料提供了极大的便利，这无形中扩充了课堂的容量。另一方面，在上课的过程中，教师可以随时根据课堂的需要和学生的反馈，在最短时间内搜寻到最有价值的信息。而学生则可以将相关有用的信息运用到课前预习以及课后的复习中，从而保证语文教学的连贯性和完整性。学生在个人学习的同时，依旧可以通过互联网与同学、教师进行信息的交流和共享，从而全面加深对所学知识的理解，提高自身的学习能力和学习效果。另外，必须对以下两个方面引起足够的重视。

①对语文知识深层价值的思考。在传统的语文教学中，语文知识获得的途径主要是了解写作背景、作者生平和对比阅读等。这些描述性的知识是静态的、事实性较强的，其功能在于解决了是什么、为什么等问题。在学校的学习是要授之以渔，不是要告诉学生什么是更重要的，而是要教会学生怎么做、怎么思考与合作。教师要指导学生主动利用网络获取有价值的信息资料，共同探讨和归纳各种阅读、写作的技巧，在课堂的阅读和写

作训练中调用丰富的知识，掌握适合自己的语文学习的方式方法。

②学生要主动参与课堂教学，积极从中汲取知识。教师在教学过程中发现学生主动通过互联网获取知识的能力是有所欠缺的，往往是教师使用网络收集和整理信息后再传播给学生。学生缺少了自己使用网络进行学习的机会，因此信息分析和整理的能力得不到锻炼，筛选、归纳、应用信息的能力得不到足够的重视和有目的的培养。在语文的学习中，失去了自主实践的过程，不利于学生实践能力的发展。因此，让学生学会自己动手，利用互联网获取知识，在语文教学中也是必不可少的环节。

（3）灵活运用课外阅读，注重语言积累。毋庸讳言，现代家庭的藏书量日益减少，学校图书馆图书更新速度较慢，社区资源较为缺乏。在这种情况下，学生可以利用网络来储备更丰富的信息资源，丰富课外阅读活动，开阔自己的视野，增加更多的知识储备。在开放的互联网平台上，学生可以根据自己的兴趣很容易地找到有吸引力的阅读材料，并可以自主地进行一些相关内容的扩展阅读。将课堂上所学到的阅读技能同样运用到课外阅读中。要阅读、要思考，也要积累。习惯性地背诵、摘录、写读书笔记，都有助于厚积薄发，提高学生的语言能力。

2.现代教育技术的应用提高了学生学习语文的能力

教师坦言，现代化技术、信息检索技术的快速发展与普及，对语文教学中学生自主能力的形成有一定的帮助。随着信息时代的到来，现代社会对语文能力的要求不再是比较狭隘的对听、说、读、写的概括，还应包括理解、表达、沟通等许多方面的能力。当然，运用现代信息技术收集、整合、运用信息的能力也是十分重要的。由此可见，语文的内涵在社会发展的影响下，逐渐变得越发丰富。信息技术多渠道传达信息的功能为学生学习语言、掌握和运用语言提供了厚实的资源保障。如在实际的教学课堂中，教师借助多媒体设备和现代信息技术开展视听、阅读训练，通过复述和情景模拟提高学生的口语表达能力，通过泛读和精读的有机结合锻炼学生采集、捕捉信息的能力，充分利用网络的图像技术强化学生的理解等。尤其是在锻炼学生的信息处理能力时，现代信息技术更是起着至关重要的作用。作为课堂的引导者，教师有必要在课堂中进行一定的示范，随时监督学生的学习进程，指导学生的学习方法，解答学生的困惑和疑问，同时要培养学生利用网络资源主动解决语文学习中遇到的问题的能力和综合的思维能力。

3.现代教育技术的应用改变了语文教学过程和方法

如何选取恰当的语文教学方法，应该依据语文教学的主要内容、具体的教学目标、任课教师的上课风格等做出判断，而非千篇一律地照本宣科。这一点在教师中已经达成共识。许多教师都在导入新课、拓展教学内容、研究性学习、合作性探究等方面运用了现代教育教学技术。

现代教育技术的应用，改变了教学方法和学习方式，在语言学习中起着非常重要的作用。语文学习需要学生的自主学习和积极配合，通过相互合作来完成探究性的学习任务。调查结果显示，部分学生的信息整合能力是十分出色的。他们能够熟练地运用各种手段收集有效的信息资源，并运用现代信息技术筛选、总结、提炼，从而形成自己的信息体系。然而，进行深度思考，不断完善自己的观点、见解、探究方案的能力却较为欠缺。这就导致了学生的语文学习成果得不到充分的展现。鉴于此，教师自身既要有积极运用现代信息技术的意识，还要设法培养学生具有这样的意识，并利用这门技术来学习，改变传统的学习观念和学习方式，使之成为教师和学生探索新知识的教学过程。

通过将现代教育技术引入学校教育环境中，可以产生巨大的积极效果，主要体现在以下几个方面。

第一，通过现代教育技术的强大优势可以促使学生关注语文的学习。第二，可以让学生慢慢养成对中华语言文字的热爱。第三，通过现代教育技术的改革对语文教育的显著影响，让学生意识到现代教育技术的强大功效，并在日后的学习中加以利用。第四，现代信息技术非常重要的一点便是共享性，因此学生可以将他们认为非常有意义的东西通过信息技术分享给其他同学。然而，即便教育技术有如此强大的功效，它还是存在一定的弊端。如难以促使学生养成专注的学习习惯，同时过分依赖现代教育技术导致难以培养他们对文学作品的鉴赏能力。在一些情况下还可能对学生的学习产生不好的影响。可见，在现代语言的教学背景下，我们不得不承认教育技术的确产生了相当大的影响，无论是培养学生对语文的兴趣，还是对语言文字的鉴赏能力，甚至是在营造教学环境的过程中都无不彰显技术的强大魅力。然而，技术是一把双刃剑，它也存在一定的弊端，需要在日后的发展过程中慢慢消除这些弊端。因此，我们必须正确利用现代教育技术，既能够达到我们预期中的效果，最大限度地提高教学的效率，同时也能够让学生自由地获取信息，并在此过程中慢慢实现培养学生利用现代教育技术来自我学习、自我提高的目的。

（二）现代教育技术在大学语文教学中应用的问题

1. 教师对大学语文教学中现代教育技术的应用认识不清

（1）高估现代教育技术对教学的革新影响。必须承认，现代教育技术在教学过程中的确产生了相当积极的影响，它一扫过去上课的沉闷和无聊，使课堂变得活泼起来。所以，这是它所产生的正反馈效应。计算机具有随时移动并且可以重复展示的特征，因此这种特征方便我们将之前习以为常在黑板上展示的内容变为数字化的教学模式，并通过数字化的方式，大大拓宽了我们的视野。然而，这一正反馈的背后也潜藏了一些负反馈，如为了用计算机而用计算机的现象比比皆是。

①依靠多媒体技术来承载一些图片、声音和视频，从而导致对语言鉴赏的机会少了。过去教师上语文课的时候，主要通过口述来进行，自从有了多媒体技术，教师为了使学生更加深刻地了解与内容相关的思想，并且为了让学生获得更为身临其境的感受，会借助多媒体技术将一些与课文内容相关的图片和音视频放在 PPT 上，在讲述内容的同时播放。必须看到，通过这些图片和音视频生动形象地再现，的确可以在一定程度上有助于学生对文章内容和思想情感的深刻感知。然而，事情都具有两面性，也有其一定的适用程度，如果把握不好这个"度"，就可能导致另一个极端的产生。如上语文课最重要的目的是理解作者的思想感情，借助多媒体来播放这些图片和音视频只是为了更好地帮助学生理解这些思想感情，虽然我们的确可以看到学生对这种教学方式充满了浓厚的兴趣，但是他们的注意力往往集中在这些图片和音视频上，并没有深刻体会为什么要播放这些图片和音视频，也就是说没有很好地理解这些图片和音视频背后所承载的特殊意义。在进行教学的过程中，我们要向学生灌输要想保持对某一事物持久的兴趣，必须建立在对这一事物的实质有相当程度的了解之上的思想。反映到语文教学中也是如此。虽然利用多媒体来呈现这些图片和音视频非常生动形象，但是学生未必能充分理解这些图片和音视频背后所承载的真正意义。鉴于此，在进行授课时，无论是教师还是学生，都必须将展示课文内容的形式与课文的核心思想相结合。

当然，我们借助多媒体来呈现一些图片和音视频，初衷是为了使课文内容变得更加形象，也可以帮助学生更好地理解文章内容，但意想不到的是，学生会依据这些图片和音视频来思考，而让自己的想象力和创造力缺席。我们耳熟能详的一句话是，"一千个读者眼中有一千个哈姆雷特"。当我们没有接触这些图片和音视频的时候，我们会运用自己的想象力来勾勒文中所描述的场景，而不同的人会有不同的想象，因此每个人对场景的感知也是不同的。然而，当我们借助多媒体来播放这些图片和音视频的时候，学生接触的内容都是一致的，因此他们在感知思想上也会是一样的。一些脍炙人口的名句，如"枯藤老树昏鸦，小桥流水人家"，当不同的人读到这句话的时候，都会在脑海中产生不同的画面，一旦通过多媒体来营造画面，学生想象的空间将大大缩小。在进行语文授课的时候，教师必须关注一个方面，那就是在借助多媒体技术来更好地反映文中内容的同时，要想方设法给予学生想象的空间。一旦学生的想象能力萎缩，那么，对他们学习语文这门特殊的科目将大大不利。这是值得教师深入思考的问题，必须引起重视。

②教师在借助多媒体展示文章内容时，因为对多媒体的过度依赖，与学生之间的互动变少了。当现代教育技术引入教学时，教师在进行授课准备的过程中，便可以借助这一平台来进行准备。

当多媒体技术引入课堂以后，教师不再需要将上课要准备的材料记在本子上，而是借助多媒体的数字化功能来保存这些材料。因此，这一形式有很程序化的操作，教师在上课的时候，只需要按照这些程序化的步骤一步步操作即可，因此限制了教师发挥的空间。然而，语文教学与其他科目的教学相比具有自身显著的特点，它比较关注人内心对思想感情的感悟或者接受程度，因此对学生的想象力、创造力、感知力要求较高。一旦有某些出乎人们意料的情况出现，学生对文章内容的理解便会发生偏差。在此情况下，教师必须能够对此做出快速的反应，而不能再严守这些死板的程序化步骤。同时，要密切留意学生的反应，随时调整自己的授课内容。虽然我们能明白这些问题的存在，但是现实往往与这种情况相背离。由于教师大量依赖多媒体操作，学生也依赖这些多媒体所传播的知识，因此学生的想象空间将大大缩小。

③多媒体改变了以往的教学模式，如教师在黑板上写的东西大大减少，学生需要记下的内容也大大减少，而多媒体却承担了过多的内容。产生这种情况是由两方面的原因导致的。一是在以往的教学过程中，教师需要将讲授的内容写在黑板上，而自从引进多媒体之后，教师可以将讲授的内容放在多媒体里面，在授课的时候打开这些多媒体，学生便可以在多媒体上了解讲授的内容。当然，学生也可以有目的地将一些重要的内容抄录下来，可这样就很有可能跟不上教师播放这些内容的速度，由此可能导致学生一心专注于记笔记而忽视了教师正在讲授的内容。不仅这些学生会产生如此

心理，笔者也曾在以往的上课过程中有同样的经历。有的时候教师播放幻灯片的速度太快，学生就会向教师提出建议，希望把速度放慢一些，以方便学生记录重点内容。二是多媒体虽然具有相当明显的优势，但是以往将内容写在黑板上的方式未必就没有任何价值，传统教学模式也可以以一种非常具有逻辑性的方式展示所要讲述的内容。在讲授语文这门课的时候，由于这一学科涉及记忆力问题，学生本身能记住的知识是非常有限的，而一旦采用幻灯片的方式来进行授课，学生往往很难在如此短的时间内接受如此多的信息。因此，我们必须考虑到因为学科问题而导致的过度负荷问题。我们必须看到，现代教育技术的引入的的确确对教学产生了非常明显的正反馈，也促使这个领域发生革新，但是我们也应该认识到，这一引入是否将学生对这些信息量的吸收程度纳入考虑的范围。如果我们一味强调形式的进入而不管实际效果如何，那么，最后的结果往往会事与愿违。

此外，我们还必须意识到，语言是通过文字代代相传的，因此通过文字，我们可以了解语言的内容。以往的授课方式是教师将所讲授的内容通过粉笔书写到黑板上，而有些教师的书写令人印象深刻，因此他们会为自己的书写能力而感到骄傲，而现代教育技术的运用，使语文教师的书写能力有所弱化。在人类语言文化的发展过程中，人们在用文字表达思想的历史进程中，文字也历经很多变迁，它在以下方面承担起了其历史使命。首先，通过文字可以将前人的思想保存下来，以供后人研究。其次，文字形成了自身独有的表现形式。当具有深厚书写功底的教师用粉笔在黑板上将自己所要讲授的内容书写出来的时候，台下的学生可以慢慢品味教师的书写。然而，一旦将多媒体运用到课堂中以后，教师可以将自己的内容展示在 PPT 上，而不用将内容书写在黑板上，这样会产生一些负面效应。如自从有了多媒体，人们不用像过去那样进行手写，而是通过键盘将自己的想法敲打出来，因此那些打字速度非常快的人在进行手写时，其手写的文字未必尽如人意。同理，要那些习惯通过电脑写文章的人在稿纸上进行手写，往往会出现大量的错别字，或者说，很难流畅地写完。这些情况在教师的身上也表现得非常明显，而推己及人，学生受到教师的影响，也会大量依赖于电脑，长此以往，要想使优秀的中华文化得到传承会变得非常困难。

（2）没有给予传统媒体应有的关注。在将现代教育技术引进课堂的过程中，我们发现一个现象的存在，即有一部分教师会过分夸大新的教育技术的功效，在他们看来，新的教育技术可以完全取代传统的媒体，传统的媒体在这一新的教育技术的迅猛攻势下将不堪一击，甚至完全退出历史的舞台。我们必须承认，虽然现代媒体在教学革新中起到了举足轻重的作用，但是其使用也存在一定的局限，它的引进主要是为了使教学过程更加高效，而不是要掌控教学过程。在进行教学活动的准备过程中，我们要区分哪些知识点是可以用传统媒体来讲授，而哪些知识点需要用多媒体来展示。如果将所有的知识点都采用多媒体来展示，其效果未必尽如人意。鉴于此，一个非常明智的决定便是充分发挥各自的优势。不置可否的是，现代媒体由于在技术上的霸主地位，它以无可阻挡的潮流进入教学过程，然而我们也不能完全抹杀传统媒体的功效，像我们以往习以为常的黑板、一些实物图片的展示等仍有其独特之处。在高等教育领域教育资源相对比较紧张的情况下，我们必须重新评估传统媒体在当前教学过程中的效用，以使得其发挥应有的作用。同时，也不能过分高估现代教育技术的作用，不能唯技术论。

2.学生对现代教育技术在大学语文教学中的应用态度迥然

我们在衡量现代教育技术对教学领域的成效时，除了要关注教师自身存在的问题，也必须高度重视学生在这一领域的重要作用。应用现代教育技术手段来辅助教学的效果不仅仅取决于教师自身的媒体素养，还与受众也就是学生有很大的关系。"学生的素质参差不齐，有的学生会非常主动地去吸收新知识，而有些学生则比较被动，接受新知识比较消极，而这些无一例外都与教学成果直接相关。"

二、原因分析

随着信息技术和经济的飞速发展，现代教育技术在课堂教学中的优势越来越明显，于是各所学校也日益重视其发展，并开始普遍地推广与应用。当然，其中也存在着一些问题，我们需要全面地去分析产生这些问题的原因，这对于大学语文教学现状的全面改善、教学质量的提高有着重要意义。

（一）教师教育观念的偏差

现代教育技术是以现代教育理论为基础的，而现代教育理论要求在课堂教学过程中必须充分地发挥学生在教学中的主体作用。教育技术的运用，要能够激发学生的学习兴趣，为师生的互动创造良好的教学环境，能够使知识的传授、能力的发展和素质的培养统一起来。然而，一些教师未能全面、正确地理解其内涵，只把现代教育技术作为一种工具，不能与教育内容、教学模式和教学方法等整合在一起。这依然是传统的教学模式，课堂的主体和中心仍然是教师，学生仍然是被动的知识接受者。

有些教师对现代教育技术过度依赖，尽可能地将相关的课堂教学资料放到课件中，在课堂上学生可能是走马观花、眼花缭乱，根本就没有太多的思考时间，更谈不上思维训练，这样反而让学生的思维受到了约束和限制。有些教师认为，现代教育技术是不必要的，粉笔和黑板可以达到更好的教学效果，如果上级部门要来检查就随便做一个课件应付一下。有些教师认为，只要把课件制作好了，就万事大吉了。虽然班级不同，但授课时均可以使用，方便省时，课堂上可以减少甚至不用板书，不需要太细致的讲解，鼠标一点，手到擒来。这些现象都是现代教育技术与现代教学理论严重脱节的表现。作为一种新的教育技术，多媒体教学更是一种新的教学思想与教学模式的

代表，同时它传达了我们对革新以往教学模式的诉求。在我们看来，新的

教学模式必须具有与以往大不相同的特点，其中非常显著的一点便是将最

潮流的教学思维与教学思想相结合。然而，当前的教学环境却不容乐观。

很多教师并没有非常深刻地理解多媒体技术带来的深层次的变革，他们的

理解止步于多媒体技术本身，因此，他们并没有认真思考这一技术背后的

教学理念的革新。更严重的是，他们往往狭隘地持有这么一种观点，如果

教学技术得到更新，那么，与教学相关的理念也会随之得到更新。鉴于此，

无怪乎当前出现了这么一种"教育怪现象"——用落后的思想指导先进的

手段，在计算机等现代教育技术辅助教学的这一表象下，依然是过往的教

学方式，教师掌握了课堂的制高点，将知识灌输到学生头脑中，而学生依

然是被动的接受者，没有自我思考的空间。因此，这种模式只不过换了一

个噱头，实质依然是过去的教学方式。要想使当前对多媒体的利用不到位

的情况加以改善，当务之急就是转变教学理念。理念是一切行为的指南，

反映到教学领域，那么就必须转变教学理念。倘使在当前教学环境下，我

们所持有的教学理念与教育技术更新的理念发生冲突，那么，教学模式得

到改善的愿望无异于痴人说梦。当然，任何改革都要从宏观角度出发，如

果将目光仅仅聚焦于学校环境，而没有将整个社会大环境纳入考虑的范围，

那么，我们就没有将现在新的教学要求纳入改革的要求之中，即保持学习

贯穿一生的信念。时代在不断地向前发展，人类也要不断保持学习的态度，

担当重任的教师也必须不断地与时俱进。因此，教师不能仅仅响应时代的号召，还必须身体力行地将这些口号纳入日常生活和教学当中去。在这一接受的过程中，不能将年龄过大、接受能力过慢作为推迟或者拒不接受更新思维模式的借口。相反，身为教师，我们要以身作则，要率先将这些困难或者挑战一一克服。这种做法，一方面是为了与当前的教学改革遥相呼应，另一方面可以极大地促使自我进步，不断完善自我。

在以往的传道授业的方式中，教师往往居于课堂教育的制高点，向学生不停地灌输知识。而学生在这种强大的传播模式下，只能被动地接受，课堂活跃度非常低。因此，在这种教学模式根深蒂固的情况下，教师和学生之间，一个处于主动，一个处于被动，相互之间缺乏互动的刺激因素。在更为极端的情况下，教师从上课开始一直讲到下课时止，完全没有学生发言的机会，也不了解学生是否真正能听懂。如果放任这种教学模式发展下去，最后学生可以获得什么教育成果，结局是不言自明的。

（二）教师现代教育技术能力的缺乏

1. 没有深厚的现代教育技术理论作为支撑

从教师在使用现代教育技术方面遇到的种种困难来看，我们需要现代教育技术理论来进行指导。威尔伯·施拉姆曾针对这一难题提出了自己的见解，在他看来，"我们不可能过分夸大教育技术所产生的影响，它也有自身的弊端。然而，它既然作为新事物出现，想必也有它的过人之处，因此被引入教学环境中，也是因为它能够实现我们的某些要求。针对教学环境的主体，即学生来看，他们对知识的接受程度主要取决于两个方面，一是对媒体的使用，二是特定媒体是以什么样的形式运用到课堂中去"。① 而教师在使用多媒体的过程中，内心也有自己的选择标准，如有一种或者某几种理论共同作用于教师对媒体的选择。因此，我们不能忽视这些理论对教师和学生整个教学的作用程度。如果教师在使用这些多媒体进行教学时缺乏深厚的理论指导，那么，我们就无法相信这些多媒体的作用能够真正发挥得淋漓尽致，达到我们期望的结果。我们为了这项研究采访了相当多的教师，就调查结果来看，为数不多的教师认为，要想真正改革当前的教学环境，重中之重就是高度重视对教学模式的创新。因此，我们可以很明显地看出教师在理论方面的匮乏程度是有多么严重。

那么，究竟是什么因素导致了当前这一结果呢？概括来说有以下几个原因：首先，教师上岗之前都会进行相应的培训，但这些培训工作没有真正落到实处，即没有贯彻对理论知识的传播。其次，这些培训工作只将目光停留在技能的培训上，缺乏这些技能背后的理论素养的培养。最后，除了培训工作本身存在一定的问题，教师自身也存在一定的问题。有些教师对现代教育技术的理解比较狭隘，在他们看来，所谓的现代教育技术主要

① ［美］威尔伯·施拉姆，威廉·波特：《传播学概论》第2版，何道宽译，中国人民大学出版社2010年版。

是那些多媒体设备，一旦我们掌握了如何操作这些多媒体设备，那么我们就可以圆满地完成教学任务。因此，他们没有将理论的学习放在重要的位置。通过这种抽丝剥茧的分析我们可以看出，在对教师进行培训的过程中，必须双管齐下，不仅要注重对多媒体操作技术的训练，更重要的是要向他们传授有关多媒体操作技术背后的理论素养的训练。唯有这种双管齐下的培训模式才能够使教学革新真正得到落实。

当然，我们还必须明确的是，我们极力强调对理论知识的学习并不是要使理论的学习压倒一切。而且，理论的学习不可能产生立竿见影的效果，必须在日后的实际工作中不断用心去揣摩这些理论，以期达到我们一直以来所提倡的，向实际经验所采纳的理论模式方向发展，进而真正改善教学效果。也有一些教师在对多媒体技术的掌握方面还是可圈可点的，但是一旦涉及综合能力，即将多媒体技术与教学能力相结合的时候，这种弱点便甚为突出。

当教师在借用现代教育技术来改善教学活动的时候，他们凭借的还是以往实际教学过程中用心揣摩出来的经验。这些经验由于经历过时间和实践的检验，有一定的价值，但是这些经验都是碎片化的，很难形成一个整体的、系统的知识体系，因此在教学理念的构思方面没有太多的贡献。

相较于上述情况，还有一种情况必须引起高度重视，那就是有些教师在自己的教学过程中往往会忽视对教学环节的创新和构想，因此他们教学的出发点还是从"教"这一要素上考虑，如主要考虑的是为什么要教学，主要教授哪些要点等，而没有将"学"这一当前极力强调的因素纳入考虑的范围，如学生作为真正的个体，认真思考他们各不相同的性格、对学习的侧重面的差异以及对接受的教学信息纳入衡量的指标等。由此可知，高校在对教师进行教育技术理论知识培训的同时，更要注重促进教师将所学的理论知识运用于教学实践中，将各种现代教育技术媒体正确地运用于教学中，从而达到优化教学的目的。

2. 教师现代教育技术能力的缺乏

教师的现代教育技术能力要求教师不但可以娴熟地操作各式各样的较为先进的教学设备，而且对于与课程联系紧密的教学软件的操作方法能够烂熟于心。只有这样，最大限度地发挥教学资源的使用价值才能成为可能。

就当前的情形来看，对大部分高校的语文教师来说，先进的教学设备和配套教学软件的操作方法依旧是陌生的。出现这样的情况是各方面因素共同作用导致的，但可以从客观和主观两个角度来剖析这一问题。客观上，当时间回溯到现在这批高校教师上大学的时候，当时的科学技术条件远不如现在，大学并未给这些教师提供系统性学习现代教育技术相关课程的机会。即便开设了相关课程，大部分也是停留在理论层面上，并没有与实践进一步进行结合。接受了这样的课程教育必然会使教师在现代教育技术的认知上遗留下"盲区"，而进入高校任职之后，校方出于资源配置、对现代教育技术的重要性认识不够等原因，并未向教师提供参与相关的培训和学习的契机。而现代教育技术发展的速度越来越快使这种困境陷入更加严重的恶性循环，教师的现代教育技术只能越发低下。主观上，因为大多数高校教师对现代教育技术及其发展情况，尤其是现代教育技术对现行教育教学观念、手段、地位、环境等引起的根本性变革作用还缺乏必要的了解和认识。出于这样的想法，有些教师从思想上就缺乏努力提高自己现代教育技术水平的动力，即使拥有相关学习和培训的契机，也不会主动参与有的甚至是怀着敷衍了事的态度去学习，无法达到真正掌握相关技能的目的。

3.学习态度不同，学习能力有所欠缺

就现在的情况来看，绝大多数的高校学生能够制定一个较为准确和明确的学习规划，并在这一规划的基础上，积极提高自身各方面的素质，学习态度认真、端正，动机纯粹。但仍有一些学生并没有主动学习的意愿，他们对未来的发展认识较为模糊，没有努力的意向，或者努力的方向不对，不能积极调整状态适应高校的生活方式和节奏，从而在考试过程中不能达到预期的结果。一部分学生在入学后，会将自己现在的生活学习状态与自己理想的大学对比，发现大相径庭，就产生对学校不满的情绪，对学习和生活都失去兴趣,随意挥霍自己的时间,浑浑噩噩度日以期毕业混一张文凭,甚至萌生了退学的念头。

近些年来，高校的不断扩招使大学教育已由"精英教育"向"大众教育"转变，有些学生素质较差，基础知识薄弱，作文语句不通，不注意行文逻辑，还经常出现错别字，还有的汉字书写习惯也不好。由于长时间受中学应试教育的影响，在中学学习语文时学生追求的是如何应对高考进行应试作文，置身于题海，掌握一些标准化、模式化的战术，不重视语文学习能力的培养，导致高校学生的语文水平普遍没有达到高中毕业生应有的水平和程度。同时，大学和中学的学习是不同的，教学模式的改变是最明显的，由中学的以教师为主向大学的以学生为主转变，这就要求学生自学，课堂内容可能需要通过课后来进一步理解和消化，这也就导致学生很不适应大学的学习生活，十年寒窗结果换来的却是对学习的困惑和担心……这些学习心理问题普遍存在于高校学生中。

4.学生信息素养不高

针对调查的情况来分析，在信息素质方面，高校学生也存在着一定的缺失和不足，可归纳为以下几个方面。

（1）信息意识淡薄。近几年，中小学计算机课程开放程度不断增加，家庭电脑得到普及，虽然这些都推动了信息素质教育在基础教育阶段的发展，但由于整体教育评估机制的限制，信息素质教育没有得到充分的重视，使高校学生的信息素质在入学时就不足。高校学生没有较强的获取信息的意识，不会积极主动地去查找需要的信息，没有充分意识到信息获取的重要性，对于信息往往采取消极的态度，没有形成个人独立学习的能力，不会主动地利用大学图书馆去查找和获取更多课堂以外的信息。部分高校学生上网主要是聊天、玩网络游戏和娱乐等，很少去利用图书馆的电子资源，更不懂得在大学学习期间图书馆的重要性。只有极少数学生会主动地去学习和接触一些信息技术方面的课程或书籍，甚至是参加一些培训，从而能够运用所学知识去判断和整理海量的信息资源。

（2）信息能力较差。完整的信息检索概念包括两方面：一是信息的组织存储（主要是文献信息），二是文献的查检。在学习过程中，学生往往忽略前者，不能很好地掌握一些基本概念和文献信息组织过程的原则，因而对文档的检索效率有直接影响，没有多途径文献检索的意识，并缺乏一定的文献检索能力。在电脑使用方面，由于对图书分类知识的缺乏、把专业知识与信息检索方法和途径相结合高效地获取信息所必需的技能的缺乏，很多学生无法实现通过计算机获取所需要的信息，不会对检索到的信息进行筛选。大部分学生只关心能否免费获取信息，并不太关心信息的时效性、权威性。

（3）信息积淀不够。许多学生缺乏自主独立学习的能力和系统而长期地阅读图书、文献的计划，不注重积累课本以外的专业知识，不能充分利用课堂以外的学习空间——图书馆资源来拓宽知识面。一些学生获取信息时表现出强烈的功利性，往往只是为了完成某项任务，才会去图书馆收集信息。尽管他们能十分熟练地使用电脑，但并不知道如何运用有用的知识将潜在的信息挖掘出来，从而导致获得的信息往往相对简单，很少有学生能通过二次文献和三次文献获得更多有价值的信息。

5. 信息道德缺乏

大多数学生没有信息的免疫能力，容易受到一些不良信息的影响或侵害。通过调查分析我们发现，有一部分学生的公德意识和法律意识薄弱。许多学生只对图书馆建筑、藏书量、技术和设备有兴趣，而不注重图书馆的规章制度，在使用信息过程中，不注意遵守相关规定，不配合工作人员的管理和指导，给他人获取文献带来麻烦或设置障碍，甚至任意更改或删除计算机里的一些文件。还有少数学生缺乏对黄色信息的正确判断能力，网络道德意识模糊。在知识产权越来越被重视的今天，大多数的学生根本就没有版权意识，只是从使用方便和费用方面考虑，仍然继续使用盗版，在引用他人成果和网络信息时没有任何的标注，不懂得尊重他人的研究成果，认为可以随意引用，对网络上的不良信息则持一种于己无关的态度。在改进信息手段和传输渠道的条件下，仍然经常发生知识产权侵权，有散布虚假或不良信息的行为。

（三）现代教育技术应用环境的缺乏

对于现代教育技术环境的建设，还应加大投入力度。虽然在硬件建设方面多数高校已达到一定的规模，为教师使用现代教育技术提供了相应的条件，但其投入力度仍满足不了教师应用现代教育技术的需求，除一部分条件较好的学校外，多数学校现代教育技术的基础条件还比较薄弱，教师和学生的人均拥有率偏低，大多是以集中使用为主，还无法为广大教师和学生营造和创设便利的现代教育技术应用氛围。其原因主要有以下几个方面。

1. 领导现代教育技术意识不强，重视不够

要想现代教育技术得到有效的应用，关键是领导的充分重视。作为高校的领导，一是教育观念要转变，建立教育技术的现代意识，引领教师树立现代教育技术的新思维、新理念。二是要深入教学第一线，同教师一起探讨和研究现代教育技术的应用与实践，不断地总结经验，从而促进现代教育技术向前发展。但目前高校的领导在这方面做的工作还不够，有些领导的现代教育技术意识较为缺乏，没有认识到在教育教学中现代教育技术能发挥的巨大作用，也没有开展与现代教育技术有关的工作。许多高校没有设置现代教育技术管理机构，没有为现代教育技术的开展提供保障的专项基金，也没有为教师安排和组织相应的现代教育技术培训。因此，领导现代教育技术意识的缺乏，对高校现代教育技术工作的顺利进行是非常不

利的。

2. 经费安排不合理，资金投入不足

资金是发展现代教育技术的根本性问题。资金的缺乏会带来一系列的问题，现代教育技术在高校的发展因此也受到严重的制约。从调查情况来看，大多数高校都存在着经费不足的问题。由于经费的缺乏，使学校的多媒体教室数量相当有限，很多课程的授课根本都安排不到多媒体教室；经费的不足，严重制约着学校的现代教学的发展，引进不了很多必要的教学设备；资金的短缺，使教学设备的日常管理与维护受到制约，陈旧的教学设备得不到及时处理和更换，对正常的教学造成了影响。而经费不足的原因是多方面的，既可能是政府拨款有限，满足不了高校现代教育技术发展的要求，又可能是高校在资金统筹上安排不当，在现代教育技术方面没有安排相应的经费。充足的资金是保证现代教育技术顺利发展的关键，因此政府及高校应设立一个专项基金，以促进现代教育技术的发展，直接统筹安排使用，减少中间环节。高校也应该充分意识到在教学中现代教育技术作用的重要性，加大在这方面的资金投入。

3. 硬件短缺，配置不合理

硬件是现代教育技术能否有效应用于教育教学中的关键因素，任何一种现代教学方法都离不开相应硬件设备的支持，可以说，现代教育技术的命脉掌握在硬件手中。然而，由于资金的约束，高校的现代教育技术硬件尚未完全达标。首先，数量有限的硬件设备根本无法满足教学的需要。在教学中能否运用到现代教育技术，其基础条件是硬件设备的数量是否相对充足，当某种教学设备的数量低于标准值时，它被真正应用到教育教学中的可能性就很小了。因此，在配置教学设备时，一定要将数量纳入考虑范围。对高校来说，这个基础条件的实现情况并不太理想。就大部分高校而言，现代教学设备的数量十分有限，根本满足不了语文课程教学的需要。其次，在硬件配置上高校有着明显的不合理现象。部分高校为了迎合一些教育评估，加大对个别专业领域的资金投入，结果造成其他方面的资金短缺。不合理的硬件配置，对教学造成了一定的影响。

三、可行的策略

（一）加强现代教育技术基础设施建设与管理

要推广现代教育技术，一定要先为现代教育技术创造良好的应用环境。如果缺乏必要的硬件设施和软件资源，教师是不可能将现代教育技术很好地应用于教育教学中的。要提高语文教学水平，需要不断地完善现代教育技术基础设施的建设和管理，从而推动语文教学改革。

1.加大投入力度，强化基础设施建设

硬件建设是高校现代教育技术发展的基础，教学现代化程度最直接地反映在它拥有的并可使用的硬件设施等。为促进高校发展，最基础的就是丰富高校硬件设施的配备，因此应注重现代化教学设施的配备，如设置多媒体教室、构建校园网、创办网络教室等。与此同时，不容忽视的是配备充足的基础性常规电教设备。由于现代化教育设施的配备需要耗用大量资金，而资金的筹措需要时间和渠道，这与高校自身的硬件投资能力息息相关。仅仅有资金也是不够的，筹集资金配备高校硬件设施，还需要售后的维护和检修，这就需要高校制定科学的管理制度、设施配置的升级管理等。

设备陈旧老化，仪器出现故障无力维修，多媒体教室、语音室偏少，计算机数量不够和配置较低等，诸多问题影响着高校现代化教育的发展。可以通过多渠道的招商引资、多方位的校企合作等方式筹集资金，增加对高校基础设施建设的投入力度。

2. 加强多媒体教室的建设与管理

多媒体教室的主要设施包括电脑、大屏幕投影仪、麦克风视频展示台、DVD 播放机及录像机和其他集成设备。随着信息时代的到来，学生更加喜欢运用全部电化教学、计算机辅助教学和演示手段的课程的学习。多媒体设施是物质准备，可以推动高校对传统教学模式的改革和完善。有了相关技术手段才能真正将现代教育技术付诸实践。但对一些高校来说，资金支持限制了多媒体教室的发展，因而高校需要再投入资金引进那些现有的但不充足的多媒体技术设施。

当现代教育技术设施完备后，还应注意设备的管理和维护。各高校有必要提高投入大量资金而获得的多媒体设备的使用率，使资金使用价值更大化。对于多媒体教室的管理，应建立明确的规则和条例，使用规范化，并配备专人进行管理以及设备的检修和升级。与此同时，多媒体教学手段的使用不仅包括配备设施齐全的问题，还包括设备的日常管理。要求师生保护硬件设施，严格遵守使用说明、操作方法，做好维护，辅助教学的进行。

3. 提高校园网的利用率，建立语文教学资源库

现代教育技术还包括校园网的建立。统计各高校的网络情况可知，校园网创建基本完成，但是并没有予以积极利用。大部分高校只是用其对学校形象进行宣传，部分高校的校园网未在实际教学中发挥有效作用，而仅仅局限于学校的行政管理层面。要知道，良好的校园网建设不仅能连接网络资源和知识世界，还能在学校管理方面发挥巨大作用。

除了校园网大环境的建立，还应建设数据库来丰富教学资源。举一个例子来说，语文教师进行备课和教学的时候可以快速链接教育和教学网站，利用网络获得的教学素材和网络课程资源来积累丰富的知识传授给学生。而反过来，作为学生，网络对学生的吸引力逐渐增大，利用资源数据库可以吸引学生分析研究不同地域、区域，甚至是国际的文献资料。

（二）转变观念，营造良好的现代教育技术氛围

1.领导思想观念的转变

首先，高校的管理层应从根本上认识到现代教育技术的重要性，优先发展现代教育技术，推动教育现代化的进程。因为只有思想上认识到了，才能在行为上付诸实践。而校领导在高校中具备领导学院发展方向的作用，因而应从校领导的观念转变开始。其次，高校的领导还应注意学习如何使用现代教育技术以及相关知识。学校现代教育技术的发展情况与领导对其认识水平和重视程度有着很大的关系。通过学习，使他们意识到现代教育技术对教学改革带来的巨大推动作用，尤其是在教育观念、教学模式、教学方法等方面，在提高教育教学质量中起到的重要作用。再次，高校的领导要着眼于学校的实际情况，从现实出发，对本校现代教育技术的发展做出科学合理的安排。高校的领导要积极地明晰现代化教育的发展方向，及时地进行沟通交流。现代教育技术教学环境主要依赖于政府和外界的资金支持，有钱才能办得起先进的教育，而与政府积极沟通才能赢得关注，赢得资金补助，促进硬件设施、软件资源的获得。与此同时，外部企业对学校的支持也不容忽视，因此加强同企业的交流也十分必要。

2.教师教学方式的转变

教师在传授知识的过程中担任着组织教学活动、引导学生自主学习的

任务，因而教师有着怎样的教育理念，不只是对教师的教学行为产生影响，还会间接影响教育水平发展。教师作为教与学的传承者，必须认识到先进的现代教育理念的重要性，将教学观念在教授课程中付诸实践，并运用到现代教学中，更新授课教育手段，推动教学体制改革。如果教师没有正确掌握现代化教育理念，那么教学效果就不可能会有明显的改善与提高，还会影响和阻碍现代教育技术的应用。因此，教师必须树立正确的现代教育观念，这将促进现代教育技术更好地应用于教学中。

3. 学生学习方式的改变

大多数高校学生对现代教育技术不甚了解，也正因为没有相关专业课程进行知识普及，才会造成现代教育技术实施的困难，没有意识就难以转化为实际行为。因此，设置相关介绍课程、举办讲座、扩大宣传等来普及相关知识使高校学生有更多的了解与认识，从而为现代教育技术的成功之路奠定坚实基础，扫除一切障碍。

4. 加强培训，提高教师的现代教育技术水平

随着知识的不断更新，教学模式、教学手段也应不断推陈出新来适应新的知识结构和综合能力新要求。作为知识传输过程中的传授者，高校教师的岗位职责如何发挥就显得十分重要。信息时代的来临以及先进的现代化教育手段的出现都促使教师更好地适应新变化、新发展，积极使用新的

手段、模式和方法进行教学，保证与学生间的知识、技能的传授是高水平的、与时俱进的，实现新教育结构的教育目标。目前，许多高校对教师的培训不到位，教师对现代化教育的理解不深入。应该根据各院校的实际情况，提出因材施教、因地制宜的培训方法，针对不同的情况，设置不同的培训课程、培训讲解，尽可能提高教师对现代化教育的重视程度，最大范围地使用现代化教育手段，推动教育事业的发展。

（1）采取灵活多样的培训形式，合理组织培训内容。对于高校教师的现代教育技术的培训，统一的专家讲授和辅导的讲座式培训模式显然已不再适合。在高校，设置多种多样的培训模式十分必要。这不仅是因为不同参训教师面向的专业不同，更大程度上是因为他们自身能力不同，进行知识传授时对现代化教育的需要程度不同。

（2）以实用为目的，组织针对性更强的培训。仅注重选取灵活多样的培训模式是远远不够的，还应注重培训内容的合理性。传统教育是应试型的，而对新的教育模式的渴求促使现代教育技术的培训也应注重培训教师利用技术手段培养学生的能力，但这又和院校的实际情况、实际专业内容有关。进行培训时，借鉴成功经验，克服原有培训模式中的不可取之处，完善培训结构，丰富培训内容，打造全方位的教师人才。

对教师进行现代化教育培训要依据几条原则，即"有针对、有组织、有深度、大范围"。针对教师的不同教学需要培训相关基本理论，以便教师可以因材施教，以学生为主体选择他们需要的、适合他们自主学习的方式方法进行知识的传授，答疑解惑等，旨在教导学生有能力在未来进行自我能力的提升，自我开展学习深造。

（3）建立完善的评价机制和手段，注重培训效果的评估。教师的培训不仅要建立灵活多变的培训模式、树立良好的理论观念，还需要在培训后及时进行培训效果评估和考核。建立相应的考核体系是十分必要的，对教师培训效果进行反馈就需要从不同方面综合考虑不同影响因素进行评价。无论采用何种评估手段、何种类型的评价体系，都还要应用后续调查了解授课效果，因为我们最关注的还是最终的培训效果，即教师的教学观念是不是真正发生了转变，是否有自觉意识应用所学教学技能。不可否认的是，研究培训的评估系统会发现，系统不仅能验证受训教师能力是否有真正的提高，还能找到培训课程的不足，哪些应大力发扬，哪些应在今后避免或完善。对于优秀的受训教师，应给予奖励，以起到模范作用，带动教师一同进步，形成良性循环，鼓舞学习热情，推动教师更好、更投入、更自主地接受培训，进而推动现代化教育的发展进程，提高多媒体技术的应用水平，提升教学质量，造福更多学子。

现代化教育是一项耗时较长、需要大量努力才能实践成功的工作，只有坚持不懈地树立正确观念，让教师将现代教育技术视作教学的一部分，而不是意识到必须使用它，如此才能促进教育与现代化信息时代的接轨。

（三）利用现代信息技术进一步优化大学语文教学

发挥现代信息技术的优势作用，促进语文课堂内外的协调互补。叶圣陶说过："课内阅读只是举一，课外阅读剩下的部分才可以反三。"这句话十分精练地点出了如何进行语文课程的学习。如果想学好语文，就不能仅仅局限于课本上的课文研究，需要的是更多的阅读材料的课外自主学习。课内和课外成就语文学习的两大方面，认真学习书本是必需的，但运用课内学习到的方法继续研究课外的文章才是提升自己的过程。开展大学语文课外阅读，通过网络获得材料，运用网络交互和教师互动等都体现了现代化教育手段的重要性，使课内与课外相得益彰、和谐发展。

1. 利用现代信息技术，促进自主性阅读教学的开展

现代信息技术提供大量的阅读材料。除此之外，网络阅读教学突破了传统阅读教学的局限，大量积累阅读量，变成多类课程可供选择、多种教学思路可供分析，感受总体框架，把握和讨论整体的思路，自主灵活地研究语文材料及其写作风格。

教师可以根据学生的兴趣和爱好，成立学习小组，分组在课外收集有关的材料，之后再安排学生并分组汇报相关情况，将收集和整理的材料用适当的方式展示，阐明各自的观点。可以使用互联网，也可以使用投影机，

甚至言语表达，其最终目的是提高学生的语言表达能力。

教师可适当地补充阅读材料，引导学生注意知识点，提示思考问题的角度，弥补学生自学中可能遗漏的知识点，并回答相关的问题，帮助学生将各个问题之间的联系组织相连，使学生的学习提升到更高的层次。强调学生自主学习，但不是不要教师的指导。学生自主学习有优点，不足也特别明显，教师要减少纯知识的直接传授、累赘无用的详细分析、知识的生硬灌输，要加强学习方法的指导、思维品质的提升。

这种教学模式实现了以课内带动课外、以课外促进课内的目的。由于语言的学习需要使用网络，网络又促进了语言的学习能力，这才是将现代信息技术运用于语文教学所寻求的方向。

2. 利用现代信息技术，组织和开展语文研究性学习

随着教育改革的不断深入，大家越来越重视研究性学习。研究性学习强调的是学习中的研究精神，是在日常的学习过程中要求学生用研究的眼光、态度和方法进行自我探究、自我发现，这是一种基于问题解决、协作交流、资源共享的学习方式。研究性学习可以弥补传统课堂教学的不足，特别是教师与学生之间的关系、学生知识和能力之间的平衡、理论与实践的统一，在培养学生的研究意识和综合能力等方面具有重大意义。

基于现代信息技术的语文研究性学习贯穿了课内与课外，并以研究任

务驱动，协调课内与课外之间的联系。在语文教学中，要想完成研究性学习的所有内容，仅仅用几个课时是不切实际的，也是没有必要的。在课堂上，教师要启迪和引导学生在看待问题时学会运用研究的眼光，努力探究教材本身的研究价值，培养学生的研究意识，掌握研究的方法。这样学生就可以在课外利用现代信息技术想方设法地收集有关的资料、对信息进行整理和加工、运用现代化手段与同学随时保持联系并进行交流与沟通。而在课堂内主要完成的是确立专题并进行指导、方案的制订、学习成果的展示与交流等。

第六章 网络化高校语文教学体系的构建

第一节 网络化高校语文教学系统的构建

一、网络化高校语文教学模式的教学系统

网络条件下高校语文教学新模式不是对传统教学模式的否定和颠覆，恰恰是利用现代信息技术来弥补和完善传统教学模式中的不足，同时让传统教学模式中宝贵的教学方法和经验得以延续，是传统和现代并存的两种教学模式的结合，两者相互促进。

新模式下的教学系统实际上由两部分组成，一是传统的课堂教学系统，二是基于网络多媒体的网络教学系统。前者一般包括教师、学生和教材 3 个要素，后者还包括多媒体这个要素。对于传统模式下的语文教学，在我国语文教学中一直使用着，而且还可能继续使用，人们对此模式十分熟悉，故本节对此不做进一步说明，主要详细探讨网络教学系统。

网络教学系统主要是由教学模块和一些辅助模块构成，是开展网络教

学的前提条件和要求。其中教学模块中包括诸多子模块：管理模块、课程概况、教学模块、工具资源、交流社区、课程资料、单元测验、期末考试。辅助模块由电子邮件系统、FTP 服务、聊天室等组成。

1.管理模块。这是顺利开展网络教学的主要保证，包括对师生账户、学习记录、教学管理等各个方面的管理，是教师对学生自主学习监督检查的重要途径。

2.课程概况。这是对本课程的教学计划、目标要求、学习方法和策略、测试与考核、答疑解惑等方面的具体描述和说明，是学生开展自主学习前应该明确了解的部分。

3.教学模块。这是网络教学系统的主要内容，包括所有的教学内容，涉及语文教学中听、说、读、写四个方面。教师选定的教学内容和任务将通过 PowerPoint 演示文稿、Word 文档、图片、音频、视频、动画、网页等方式呈现给学生。授课将不再被限制在师生面对面的交流中，学生通过对教学主页的访问和浏览完成，学生学习不受时间和空间的制约，只要能访问到教学主页就能随时随地进行。

4.工具资源，为了便于学生使用相关的教学软件，可集成一些常见的音频、视频、图像、电子词典等工具，使学生不会因为工具方面的问题而耽误学习。

5. 交流社区。该模块包括学生与教师、学生和学生之间的讨论。教师可以预先提出问题，学生按要求作答；也可以是学生在学习中提出问题，教师给予回答。学生间的讨论可以由个别学生提出观点或问题，以此引发其他学生的讨论，既可以是随机根据相关话题展开讨论，也可以是针对某一个主题或话题进行深入探讨。

6. 课程资料。课堂教学的内容是有限的，教材的容量也是有限的，为了让学生更好地拓展知识、拓宽视野，应该在本模块部分增加与学习主题密切相关的各类学习资料，这样能更好地满足学生个性化学习的需要。

7. 单元测验。为了有效考查和评价学生平时的语文学习情况，避免一些学生因为完成学习任务而临时突击学习的情况，可利用网络不受时空限制的特点，让学生自主进行单元测试。这不仅可以督促学生按照相关教学计划要求的进度进行，还可以检验学生的阶段性学习成果，而且便于教师根据学生的学习情况对教学做出适应性的调整。

8. 期末考试。作为对某一个教学阶段学生的总体学习效果的检查，可以从与教学内容相关题目组成的题库中随机抽取，教师可以根据考核要求选择题型，确定分值。

以上就是网络语文教学系统的基本组成部分，通过上面的功能可基本完成教学任务。为了延伸语文教学的维度和空间，有条件的院校还可以提供辅助模块，其中包括电子邮件服务、FTP 服务、聊天室、笔友栏等功能，使学生的语文学习空间拓展到校外，甚至国外。

二、网络化高校语文教学模式的操作程序

在明确网络教学系统的组成后，下面就探讨这种教学模式的操作程序。模式是实践的产物，我们所理解的模式是以一定的理念为指导、在行为实践中建构形成的某种事物的结构样式。我们在教学实践中所要建构的语文研究性教学模式是一种在教师指导下，以学生为主体、问题为中心、"个体—群体"互动合作探究为基本形式的教学结构形式。模式结构的运作是把课程目标、计划、教学内容付诸实践的过程。运作流程是否科学决定着教学质量的高低。

基本流程是贯穿于网络环境语文研究性教学模式中的基本框架，而具体实施环节的设置及其组合，视语文学科性质、单元教学内容与对象的特点及其运作状况的不同而有所不同，也就是说上述模式流程结构组合是多元的、灵活的、动态的，而不是一成不变的。

（一）创设情境发现问题

教师在教学的初始环节起着组织的作用，教师的备课活动及教学安排需要提前做好。教学设计、学习内容、相关学习资料等都以多媒体、立体

化方式镶嵌在语文网络教学平台上，教师根据教学计划对整体教学的实施进行具体的安排和要求。这是网络条件下语文教学得以实施的一个非常重要的环节。老师利用多媒体技术声、色、动画与文字相结合的优势，创设疑难情境，在教学内容和学生求知的心理之间创设一种"不协调"。设疑寻导，使学生产生较强的求知兴趣和参与需要，这是让学生全神贯注地投入语文教学活动、产生真实问题的前提。学生由感兴趣开始引起内在兴奋，在情境中教师引出学习课题，提供参与机会、示范指导、参与方法等。在这个阶段，学生初次参与，兴奋由内转外，将参与欲望外化为参与教学活动的行为。

（二）启发思考自主探究

教师组织学生结合情境阶段提出问题积极参加讨论，将学生划分为若干小组，每组 6~8 人不等，由小组长负责，教师对小组的讨论、合作交流做出必要的指导与调控，让学习主体自由畅述、相互启发，更投入、更积极地发表见解、交流意见，加深对问题的理解，获取更深入的体验，形成良好的合作学习氛围，确定每个小组要研究的主题，各组围绕自己的研究主题开展自主探究。

在此阶段，教师除参与讨论外，还要及时了解学生开展研究活动的情况，有针对性地进行指导、点拨与启发。可通过组织灵活多样的交流、研讨活动，帮助他们保持和进一步提高学习积极性。对有特殊困难的学生或小组要进行个别辅导，或创设必要条件，或帮助调整研究计划。充分发挥学生的独立性和自主性，给他们提供自我联想与想象、自我创造空间的可能性，使学生参与自主探究。学生在自主体验中质疑问难，在自主感悟中发表见解，并从不同的角度审视别人的观点，这种个人意见与群体观点的相互碰撞与融合，对学生的研究能力和合作能力起着很好的促进作用。

此外，学生的学习过程，必然需要熟悉网络条件下教学模式的基本特点和课程学习要求。这样就可以在网络上按单元结构对学习内容进行自主学习，并通过单元测试，以检测对所学内容的掌握情况。如果学生未能通过单元测试，应继续学习和巩固，直到通过课程要求。如果顺利通过单元测试，可以接受教师的面授辅导。之后，学生可以开始新的单元学习，按照这样的顺序完成学习内容。

总而言之，网络环境下的语文模式操作程序实际上是学生个性化的自主学习过程。这是整个网络条件下语文教学最为关键的环节。在相关教学条件和设施齐备的前提下，学生可以通过在线的网络教学平台学习。在教学中，师生分别通过自己的账号登录系统，学生学习的时间、内容及进程等由管理系统记录。如果是安排在正式的网络课堂上，学生则可在规定的时间登录系统学习。如果是课堂之外，学生可以随时随地进入网络系统学习。

学生可以完全按照教师和教学系统设定的教学进度和要求来安排自己的学习，也可以根据个人的具体情况学习。

（三）指导求新展示成果

经过一系列的讨论和研究，学生得出了较成熟的结论，这时教师要积极组织学生总结研究成果，形成报告。体现研究性学习成果的形式由学生自主选择，可以是一篇论文、一份调查报告、一份主题演讲、一本探究日记、一个多媒体课件（演示文稿或专题网页）、一项活动设计方案等。因此，展示成果时，可以在课堂上面对面进行，由小组代表宣读自己的论文；也可以在网上发布研究成果。另外，汇报的过程也是学生展示自己成果和学习他人成果的过程，这一过程可以培养学生创造性思维、语言表达能力和当众演说能力以及运用信息技术的实践能力，这些能力正是高校语文教学的目标要求，也是信息社会的人才所必需的。

（四）激励创新效果评价

组织学生积极参与全班讨论，提出上述展示的研究成果中的优点和不足。教师点拨、启发，学生进行学习总结，巩固知识，教师给予鼓励性的评价。对其中的不足需要在汇报后继续修正或补充，以使研究更加完善，也为指导今后的研究性学习打下基础，最重要的是研究性学习的评价目的不是"区分"，而是促进"发展"，评价是为了学生找到自己能力的增长点，从而增强自信心，更好地改进学习方法；评价的作用需要通过学习者的自我反思和主动改进来实现；评价结果的表现形式是各个学生不同潜能的开发和对未来学习的建议。

第二节 网络化高校语文教学体系中师生关系的构建

在网络环境下，语文教师的教学活动和学生的学习活动都发生了巨大变化，所以他们各自角色也发生了转变。在网络环境下，语文教师和学生的角色各自有了新的内涵，我们必须重新认识。

一、网络语文教学模式下的语文教师

（一）教学地位"从主体到主导"

"以教师为中心、以课堂为中心、以教材为中心"，在这样一个模式下教师是主动施教者，学生是被动的外部刺激接受者即灌输对象，教材则是灌输的内容。课本、粉笔、教案和黑板是教师开展教学的主要工具。所以教师被认为是教学中至高无上的权威，是教学过程的主宰者，是知识的控制者。所以很多语文教师往往习惯于考虑如何将知识更有效地传递给学生，如何精心地组织教学内容，合理地组织教学过程结构，设计"如何教"是教学的核心问题和关键环节。然而，在信息时代，大众传媒已经多样化，教师作为信息源的垄断地位已不复存在，同时随着网络教育的发展、网络教学模式的逐步确立，倡导"以学生为中心"，将"以教师为中心"转变为"以学生发展为中心"。具体来讲，就是教师由"权威者"转变为"合作者"和"指导者"，将学生从"吸收者"转变为"主动参与者"和"创造者"。故此，语文教师的角色由单纯的知识传授者向多元角色转变。在网络教学中，语文教师由传统教学中的主宰者转变为学生自主学习的指导者；由传统教学中知识的传授者转变为学生建构自身认知结构、发展认知能力的帮助者；由传统教学信息资源的垄断者转变为学生获取学习资源的导航者；由传统教学中单一媒体、简单教具的制作者和使用者转变为以计算机、网络教学资源为工具的合作开发者和使用者。从"怎么教"转变为"教学生怎么学"，把学习活动的"主角"还给学生，让学生成为学习的主体，语文教师从主体转为主导。但是角色的转变并不是削弱和放弃语文教师的主导作用。如果以学为中心的教学过程中忽视了语文教师主导作用的发挥，忽视了师生交互和交流，那么这种教学无疑是失败的；学生的学习将会成为不着边际的漫游。必须明确，在以学生为中心的网络化教学中，语文教师从"主演"改变成场外的"指导"，语文教师对学生的直接灌输减少了，教师在整个学生学习过程中的作用不是削弱了，反而更重要，语文教师将不再"仅仅是给学生指出，在信息高速公路的哪个地方可以找到信息，他们还要做更多的事情……成功的语文教师须扮演教练、伙伴、创新人物和通向世界的交流桥梁"。语文教师角色的这种变化，表明对语文教师的期望更高，要求更严。

（二）网络环境下语文教师必须具备良好的信息素养

一般对语文教师的信息素养主要体现在信息意识、信息应用能力、信息交流和合作意识等方面。

首先，语文教师应具有信息意识。语文教师要对信息具有强烈的敏感性，能够敏锐地感受信息，尤其是对新的和有重大价值的信息的感悟能力。网络教育是以信息为基础的学习方式，也是"信息本位教学"。语文教师只有具有强烈的信息意识，对信息和信息技术保持强烈的敏感性，才会积极主动地挖掘、收集和利用信息，并有效地获取信息，包括快速找出显性信息并能够通过这些显性信息寻找出隐含其中的隐性信息，优化信息获取策略而快速地获取信息，从而有效应用到教学实践中。

其次，语文教师面对网络海量的信息，应具备网络信息检索和处理的能力，以及对新信息的创造开发和传递等一系列的综合能力，并能从大量的信息海洋筛选获取有用的信息。对获取的信息进行组织加工，为当前的教学服务，是网络教学环境下语文教师一项必备的技能。

最后，语文教师应该具备信息交流能力和协作意识。网络给人类社会带来的贡献之一就是信息共享和高效信息交换，每一个人在共享他人信息的同时，有义务将自己的信息与他人共享，否则，网络资源将面临匮乏和枯竭的境地。所以网络环境下语文教师必须具备信息协作的意识，信息协作包含两个层面的意思，其一是与他人的信息交流与协作，以达到共享信息、提高信息的利用功效的目的。其二是与他人合作，共同挖掘信息、生产信息，以达到更高层面上的信息开发和共享的目的。同时，在网络使用中尊重他人的知识产权、维护社会公德和网络安全，是每一个信息使用者的基本信息道德。

（三）网络环境下语文教师的能力结构

1. 较强的网络教学设计能力

网络教学的一个重要特征就是突出学生创新精神的培养。在网络教学中，语文教师的职责并不在于传递多少知识，而在于通过精心的教学设计，激励学生思考，鼓励学生自主学习，在语文教师的引导下，实现学生知识的建构和创新精神的教学设计能力。网络教学模式以信息技术为教学媒介，"以学为中心"，所以教学设计与以往相比发生了很大变化。网络环境下的教学设计是在先进教育理念的指导下，以网络为基本媒介，以设计"问题"情景以及促进学生问题解决能力发展的教学策略为核心的教学规划与准备的系统化过程。网络教学设计的目的是激励学生利用网络环境协作进行探究、实践、思考、综合运用、问题解决等的高级思维活动。语文教师要进行教学目标的分析、学习问题与学习情景设计、学习环境与学习资源的设计、教学活动过程设计、教学媒体的制作以及教学过程的评价设计。网络教学设计理念要强调充分发挥学习者的主动性和创新精神，一切教学的设计从学习者的需求与特点出发，改变以往教学设计注重"如何呈现知识、如何讲授知识"及教学中普遍存在"满堂灌"学生被动接受、缺乏原创精神的现象。强调案例学习、参与学习、体验学习等驱动式学习。也要注意避免教学设计中被信息技术牵着鼻子走，出现"机灌"代替"人灌"现象。

2. 协作性教学的能力

在现代社会，协作能力日益重要，协作也是网络教学的重要能力。无论是基于网站的教学，还是 WebQuest 教学，都是通过学生个体之间的相互影响、互相协作达到解决问题的目的。一个语文教师必须具备与他人进行成功协作的能力，这是语文教师培养学习者合作能力的重要素质和基本需求，这样才能把合作信息通过自身有效地传递给学生。同时网络教学环境打破了传统教学中语文教师劳动的个体性和封闭性，语文教师之间通过网络等通信手段可以进行超越时空的协作，打破了以往封闭自锁、视野狭窄的局限。因此，语文教师利用信息技术可以建立更为便捷、有效的协作关系，而且实现经验、智慧的共享，获得更广泛、更有力的教学支持。如可以实践网上教研，和其他教师一起讨论教学设计，得到反馈信息后修改完善自己的设计方案。

3.较强的"导学能力"和"促学能力"

网络教学模式倡导"以学生为中心"，把学生当作学习的主体，但是由于学生长期习惯于被动地接受知识，突然让他们主动地去学习，有些学生就会感到不适应，不知道怎样去学，而感到无所适从，这时语文教师的"主导"作用凸显。所以网络环境下的教学，其成败关键在于语文教师是否真正发挥了"主导"作用，以及"导"得如何。这就要求语文教师还要成为网络环境下学生自主学习的导师，即语文教师要成为学生学习的帮助者、交流者和协作者，以此促进学生的学习。这种能力不是单纯传递知识的能力，不是从语文教师的方向传递信息的方法，而是为了使学习者自身能够积极探究知识进行有效帮助的能力，强调通过语文教师有效地"导学"和"促学"帮助学习者建构知识体系。这是一种新的能力意识，还需要继续摸索探究。

二、网络语文教学模式下的学生

在网络环境下，学生的地位从被动到主动发生转移，成为学习的主体，对学生的基本素质要求与传统教学环境下也是不同的，学会学习、学会交流、学会协作成为学生的关键技能，是学生学习能力的革命。

（一）信息素养的要求

美国文献家赫伯特说："知识的一半，是知道到哪里去寻找它。"互联网已经成为最大的知识资源的宝库，学生面对的是一个信息的海洋，网络学习能否成功，关键在于学生是否具备良好的信息素养。对于学生而言，信息素养是指对信息进行识别、加工、利用、创新管理等各个方面基本品质的总和，包括信息知识、信息意识、信息技能、信息道德以及社会责任、信息创新等几个方面。信息素养不仅包括利用信息工具和信息资源的能力，还包括对知识信息需求的阐明能力，对各种类型知识信息的查找能力，对所获知识信息的组织、选择能力，评估、批判能力和吸收、利用能力，以及对知识信息进行交流的能力等，而且随着社会的发展，后者更加重要。美国建立了面向学生的美国国家教育技术标准，对所有年龄段学生应具备的信息技术素养的特征，在学科学习中能利用信息技术进行各科目学习的课程标准，以及在其中使用的各种信息技术工具与资源都进行了细致的、具有操作性的说明。如在语文教学中可以训练学生在短时间内对大量信息的快速浏览能力，把握文章重点的能力，提炼主要观点的能力，评价、分析、综合、表述的能力，下载、发布信息的能力。总之，信息素养可以看作一种高级的认知技能，是学生进行知识创新和学会如何学习的基础。具有良好信息素养的人不仅懂得如何学习，而且具有终身学习的意识、习惯和能力。

（二）探究学习能力的要求

网络教学的目标是培养学生的创新精神和实践能力，网络学习强调的是学生的主体性、能动性和独立性，学习更多地成为学生发现问题、提出问题、分析问题和解决问题的过程。学习过程从灌输转变为自我探究，所以学生要形成善于质疑、乐于探究、勤于动手、努力求学的积极态度，在解决问题的过程中不断发现问题。

（三）自主学习能力的要求

在网络教学模式中由于学生主体地位的确定和回归，强调教学中发挥学生的主体作用，同时网络教学环境又给学生的学习提供了很大的选择自由度，学生可以自主选择学习的时间、地点及方式。面对虚拟自由的网络教学环境，学生必须培养自主学习的能力。学生可以根据自己的兴趣、水平，自主选择合适的学习起点、学习目标、学习内容及学习策略，不断进行自我评价和激励，以此充分培养和发展自主学习的能力。另外，通过自主学习学生有所收获，从而发现自身蕴藏着的巨大学习潜力和能力，重新认识自我，自信心得到增强，所以自主学习既能培养能力，也能促进学生情感的良好发展。与此同时，我国网络教学环境下学生自主学习的能力有待进一步提高。因此网络自主学习的意识需要强化，在实践过程中逐步训练学生自主学习的能力。

（四）协作学习能力的要求

互动性是现代教学理念的一个重要内容，主要体现在师生之间的交流和学生对教学的参与性。网络环境为师生交流和学生的主动参与提供了技术支持，使其成为可能。网络环境下的语文教学可以使师生充分运用留言簿、聊天工具、聊天室、BBS、E-mail 以及现在非常时兴的 Vlog 等方式进行交流互动。而在一些教学过程中，我们还可以让学生参与教学设计，如选择学习内容、设计学习程序和学习策略等。网络教学的这种交互性、合作性对于教学过程具有重要意义，改变了传统教育单向信息传递的模式，有利于发挥学生的主体作用。网络环境下的协作学习，是指利用计算机网络以及多媒体等相关技术，由多个学习者针对同一学习内容彼此交流互动和合作，以达到对教学内容比较深刻理解与掌握的过程。在网络教学环境下，强调以学生为中心的协作学习，学生在具有极大自由度的同时，也要具有协作的意识。多媒体网络教学为学生协作提供了广阔空间和多种可能，使个性化学习成为现实。学生可以自主、自助从事学习活动，根据自身情况安排学习，而且可以通过交流商议、集体参与等实现协作学习，并在协作中提高学习兴趣和学习效率，通过贡献智慧，分享成果，进而学会协作。协作性意味着生生之间、师生之间通过电子邮件、讨论平台、视频会议等多种方式进行多元多向交流互动。从学生之间合作关系来看，"独学而无友，则孤陋而寡闻"，在网络课堂中，师生间、生生间的互动大大增加，可以形成一种跨越时空的开放、广泛、交互、平等的讨论，相互启发、集思广益，师生间、生生间的合作学习成为一种必然。课堂成为一个真正的沟通、交流、学习的场所。

三、网络语文教学模式下的师生关系

上文分别对网络环境下语文教学模式下的教师和学生进行了分析，我们可以总结出，在新模式中，教师在传统教学中的权威性角色受到严重挑战，"传道、授业、解惑"的角色，被赋予了新的内涵。在网络教学模式中，教师要为学生提供知识服务、信息服务、技术服务、答疑解惑等，这要求教师不仅要有扎实的语言功底，还要有娴熟的计算机操作能力，教师既是学生学习的指导者、监督者、研究者，又是教学软件开发的参与者和学习活动的协调者。为了保证学生的充分参与和自主学习，教师在学习过程中，要为学生提供各种信息资源，确定所需资源的种类和每种资源在学习过程中所起的作用。这就要求教师不仅要掌握多媒体技术以及相关的网络通信技术，对各类资料进行分析研究、过滤精选、归纳整合等，而且要研究学生的知识结构、学习动机、学习风格等，充分做好研究。在教学中，教师要引导帮助学生确定适当的学习目标，选择达到目标的最佳途径和方法，指导学生高效地学习，掌握学习策略，培养学生自我调节、自我监控等能力，形成良好的学习习惯，避免学生迷失在信息的海洋中。教师要随时关注学生的需求，及时解答有关问题，做好学生学习的"向导"。面对丰富的网络教学资源，教师要平衡网络学习资源和教科书的关系，做好对学生浏览网站和学习内容的有效监督，让学生在教学要求的范围内进行自主学习。同时，教师也要根据教学大纲、教学要求和学生个体差异将现代信息技术和课堂教学进行整合，配合课件及信息技术人员为学生设计出基于情景、体现个性、形式多样的学习任务，以开发学生的发散性思维、培养学生探究式的学习方法，来充分调动学生的学习积极性，促使学生高效学习。教师作为协作者，在组织协作学习，建立良好、和谐的师生关系，在组织、监督学生间和师生的交互方面也发挥着很重要的促进作用。

在以学生为主体的教学模式里，学生从传统的知识接受者变为主动建构者。在教师的引导下，学生可以根据自己的学习水平，自主选择适合自己的起点、进度、学习内容、学习目标及学习方法；课堂外可自主选择学习的时间、地点，自主参与协作讨论；自主建构新的知识以及自主评价等。在学习过程中，学生既是语言学习材料的准备者，又是使用者，他们的自主能力、创新能力、实践能力和继续学习能力得到了良好的培养和锻炼；他们的潜能得到了发掘，个性得到了培养，创意也得到了鼓励。因此，学习成为一个快乐的探索和创造过程。在这个探索和创造的学习过程中，他们创造了一种完全属于自己个性的学习方案和学习策略，并不断突破，不断获得新知识，不断发展自己的研究能力。同时，这种模式最大限度地调动了学生的学习积极性，在进行自主性、探究式学习时，学生还可以和同学、朋友及老师等进行交流和沟通。

综上所述，尽管网络化语文教学模式已经在许多方面展示了其无可比拟的优越性，然而它却由于自身的特点在师生关系方面遇到了一些矛盾，就是说相比较传统的语文教学模式，它增加了师生之间交流的障碍，拉大了教师与学生甚至是学生之间的距离，进而不利于教师和学生之间的感情沟通。网络化语文教学模式主要依靠"教师—网络—学生"的渠道来进行教学活动，这就减少了教师与学生面对面的交流，教师与学生之间、学生与学生之间的沟通主要依靠计算机和网络，这就产生了网络化语文教学模式中的一个重要的问题，即师生之间缺少沟通交流的机会。在这样的网络化语文教学模式下，语文教学中很少再有教师富有感情地讲解，也没有学生积极配合老师回答问题的声音，课堂变得死气沉沉、了无生机，教师与学生之间、学生与学生之间的沟通交流没有了。这样的网络化语文教学模式没有了人文主义的关怀，没有发挥教育本应具有的社会化特征，不利于学习者社会化的培养，不能培养学生的情感道德，不利于调动学生的学习积极性，也就不利于开展有效的语文教学。由此看来，网络环境下的教学是教师主导作用与学生主体作用相结合的过程。在强调教师主导作用时，不能忽视学生的主体作用，因为如果没有学生积极主动地参与学习，教师的任何教育措施都将无法落实，教师的主导作用就无法实现。反过来，我们在强调学生主体作用时，也不能忽视教师的主导作用，毕竟教师的学识和能力对引导网络环境下的学习是必不可少的。怎样让网络化语文教学模式中的师生沟通和实际的社会沟通交流方式更好地衔接起来，构建教师、学生以及网络资源之间互相合作的完善的教学模式，是网络化语文教学模式探索的重中之重。本书认为，只有将教师的主导作用与学生的主体作用有机地结合起来，才能充分调动学生参与教学活动的积极性，实现教学效果最优化。

第三节 网络化高校语文教学模式下的课程设计

一、课程设计的基本要求

（一）营造良好的学习氛围

因为高校学生学习语文的积极性不高，所以整个课堂应该保持一种轻松、热烈的氛围。在课堂教学中，要采用形象、生动、直观的教学方式，力求使学生对每堂课都有新鲜感，通过各种方式使学生积极参与到课堂中。教师可以创设情境，让学生通过接龙游戏、角色扮演、相互辩论、即兴演讲等来培养学生的口语能力，锻炼学生的胆量，从而达到培养学生语言运用能力的目的。在课堂教学中，可以借助多媒体技术，通过文字、声音、图像、动画等方式，向学生真实而立体地展现所学语言的背景和使用环境，使学生有身临其境之感，能激发他们的学习兴趣和主动参与的愿望。在自主学习部分，教学内容要体现趣味性和可参与性。开发出人机互动模式的汉语言学习软件，设计出内容丰富、题材多样、形式灵活的训练题目，是新模式下语文教学获得成功必不可少的条件之一。

（二）保证足够的信息输入

多媒体网络化教学所采纳的理论依据主要是认知—建构主义学习理论。它强调认知主体对学习的能动作用，提出学习者是信息加工的主体，一方面教师要给学生提供符合语文学习所需要的外部刺激，另一方面要促使学生学习语文同化过程的发生和顺应过程完成。各种语言知识的学习，都可以通过信息输入和输出来完成，因此，保证充足的信息量摄入，是开展有效语文学习的前提。克拉申语言输入假设理论更强调了语言信息输入的重要性，尤其是有效输入的重要性。在设计高校语文教学时，教师必须保证给学生提供足够的教学信息。这样，学生在自主学习时才可能根据自己的学习状况，有取舍地进行学习。

（三）重视语言技能的培养

语言学习，尤其是语文学习，不仅仅是基础知识的积累。高校语文教学本质上属于语言教学。其能力的培养既同于母语，又区别于母语。同母语一样，语文能力的培养和提高，要高度重视语言基础知识的学习，强调基本功的培养。然而，在当前背景下，语文学习除强调基础知识的积累外，还必须重视语言技能的培养。传统的教学模式里更多强调了阅读和听力能力培养，忽视了说和写这两个属于语言输出层面的能力，造成了学生能读写不好、能听但说不出的情况。在新的教学模式下，加大说和写能力的培养，同时不放松读和听，使学生的语文语言技能得以全面提高，这样更符合语文学习的要求，也是培养高素质人才的基本要求。

（四）保证学习过程的自主化和学习方式的交互性

在新的教学模式中，学生是学习的主体，学习的过程是学生通过主动探索发现问题、进行意义建构的过程。因此，在进行课程设计时必须考虑到这个因素，要体现学习的个性化特征，使学生在学习过程中具有较大的选择性和自由度。同时，在新模式下要注意到师生之间、学生之间的信息交流、活动交往和教学互动的过程。运用不同的交互手段和交互管理规则，采取不同的方式和方法，来实现学习过程中的交流和互动。

二、课程设计的主要内容

（一）教学目标设计

高校教育培养的人才类型是应用技术型、操作型的高技能人才。这要求进行语文课程设计时，设计者要把"知识目标"转变到"能力目标"上来，以学生是否能获得"听说读写"能力或提高语言使用能力作为检验教学的标准。因此，高校语文课程教学目标的设计应体现在两个方面：宏观上，教学目标的设计要综合考虑高校语文教学大纲进行总体教学目标的引导设计，且最终目标要明确，使学生掌握一定的语文知识和技能，具有一定的听、说、读、写的能力，并为今后进一步提高语文的交际能力打下基础。微观上，要进行具体的单元知识模块以及单项技能的教学目标设计。

（二）教学内容设计

在新的教学模式中，课程内容不再是传统的直线式组织教科书，需要教师根据教学的重点及难点，将知识学习、能力培养、教学目标、新旧教学内容有机结合起来，依据听、说、读、写语言技能培养的各自特点和要求，设置与之相适应的教学内容。教学内容安排要体现出很强的实用性，突出高校教学的特点。同时，教学内容应根据具体的能力培养要求采用多种形式，如文本写作、语音训练、听说训练、电子邮件、在线聊天、故事接龙、创作比赛、演讲辩论等，充分利用网络多媒体在辅助语文教学方面的巨大优势，使教学内容丰富多彩，形式灵活多样，安排有条不紊，重点突出，能充分体现教学目标的要求。

（三）教学策略设计

同传统的教与学过程相比，新模式下的语文教学更多地关注了学习者的自主学习和学习者与同伴间的协作学习。因此在课程的教学设计过程中，根据不同学习者和学习群体的差异，提供合适的学习策略就显得十分必要。由于学生的学习风格不尽相同，课程内容的认知层次深浅不一，各项语言技能的培养要求相异，因此，在课程教学设计中要做到各种教学策略兼用，传统与现代结合，课内与课外结合，自主学习与协作学习并重。

（四）立体化教材规划与设计

教材是体现教学内容和教学方式的载体，是把教育思想、观念、宗旨等转变为具体教育现实的中介，它是教学改革成果的结晶，其优劣直接关系到人才培养的质量。立体化教材是与传统文本教材相配套的各类电子版教材或网络化教学资源，与传统教材相比，立体化教材建设更加重视运用计算机、网络科技等现代教育手段来构架教材体系；它以课程为核心来整合已有资源并聚拢新资源。从内容上讲，立体化教材包括了主教材、教师参考书、学习指导书、试题库等；从表现形式上讲，立体化教材主要有纸质教科书、音像制品、电子和网络出版物等。

由于新的教学模式更关注学习者自主学习能力的培养，所以在教材规划与设计上要充分考虑学习者学习能力的培养和提高，在网络环境下开发图文并茂、集声像于一体的立体化教材，而且在立体化教材设计的同时，要能考虑到学生创造性能力培养，给学生留下补充教学内容的空间，使学生在完成既定教学内容和学习任务的前提下可以自己进行拓展。

（五）教学评价设计

合理的、多样化的教学评价同样是新模式下语文课程设计的一个重要方面。合理的教学评价应包含形成性评价和总结性评价。形成性评价是指在整个教学过程中，随时根据需要，运用有效的评测手段和其他的反馈手段，来调整、修改和完善课程。评价内容包括学习者的学习态度、学习效果、学习能力和自我评价等方面。总结性评价是指在整个教学结束后，根据教学目标和所学内容，对学生做出的总结性评价。形成性评价可以对教学过程中存在的问题做出及时反馈，从而提高对实践中正在进行的教育活动质量的评价。网络多媒体模式下，学生学习语文的方式和途径趋于多元化。这就要求对学生学习效果的检测和评价也要多样化，改变以往重结果轻过程的做法，加大平时考核力度，通过设计不同类型的、主客观有机结合的考核办法来全面评价学生在听、说、读、写方面的进步。这种综合的考核机制不仅能及时掌握学生的学习状况，而且可以比较客观准确地衡量学生在语文学习中取得的进步和存在的不足，可以及时有效地反馈到教学中，对师生改进教学有着重要的意义。

第四节　网络化高校语文教学体系下的教学策略

网络条件下高校语文教学中，教学策略的核心是如何发挥网络环境和传统课堂教学的优势。一方面，要最大限度地发挥网络环境下语文学习的效率，强化学习的效果，让语文听、说、读、写技能得以全面均衡的发展，培养学生的自主学习能力。另一方面，不放弃传统课堂教学的优势，让教师讲授成为真正激发学生兴趣、引发学生积极思考、培养学习能力的一个重要环节。

一、要树立网络教学的理念

教学中，要以现代教育理念为指导，充分利用现代信息技术，优化教学效果；重视对学生个性需求的满足和自主学习能力的培养。在学生学习语文知识的同时，也能够全面培养其自身的个性、人格、道德、社交及其他能力等。教师对教学内容的选择和安排要以突出培养学生的能力为出发点，体现出网络教学人性化的特点，对学生的要求和管理也要以人为本，充分尊重学习者自己的选择。

（一）加强文本意识

所谓文本，对于语文课堂来讲，就是以"文"为本，以学会阅读、揣摩、运用语言文字为本。在开展网络环境下语文研究性教学的过程中，如果片面强调语文课的信息功能，各种渠道的信息，铺天盖地地补充，使学生应接不暇、眼花缭乱，就会直接影响学生对课文本身信息的注意和深入理解、把握。简单堆砌相关信息，只能使语文课堂教学流于表面的热闹和学生心智活动的肤浅，从而削弱语文课的信息功能。因此，在网络环境下语文研究性教学的开展中，要加强文本意识，具体到本模式中，就是引导学生开拓教材的研究价值。新编的语文教材内容丰富，其突出特点集中表现为"三化"，即语文的生活化——更加注重语文与生活的联系，打通语文学习与生活联系的通道；语文的人文化——选文注重文化内涵，体现人文特点；语文的科学化——弘扬科学精神，培养创新意识。该教材中有许多值得研究的内容，教师应善于引导学生开拓其研究价值，选择最有价值的问题作为研究专题。

在本模式的阅读教学实践中，笔者针对新编语文教材，具体设计了几种研究性学习模式：一是就一篇文章，通过问题设计铺设台阶的方法，开展语文研究性学习。因为一个人在学习中一旦向自己提出了某个问题，就会产生解决它的强烈愿望，就能够更敏锐地感受和觉察到与该问题有关的各种信息。在问题设计上，我们既可以一文多题，也可以一文一题。如在学习《世间最美的坟墓》一文时，笔者就引导学生提出了这样的问题：概括托尔斯泰墓的特点，为什么说它是"世间最美的坟墓"？大家围绕这个问题，结合课文，上网收集材料（教师提供了关于茨威格、托尔斯泰、歌德、莎士比亚的一些网络资源），经过充分的讨论、交流，得出了较有见地的结论。二是就几篇文章进行比较，开展比较式的研究性学习。比较本身就是研究，就是一种思维方法，比较的过程就是研究的过程，就是培养思维能力的过程。方法是选取两篇或两篇以上的文字材料，可以是内容之间的比较，也可以是表达方式、语言技巧方面的比较。通过比较，鉴别出它们的异同或高下，从中找出事物之间的联系，找出作品好在哪里，提高分析和评价的能力。在比较研究中，除了同类文章可以进行比较，异类文章也可以进行比较。如在学习鲁迅的《拿来主义》、《阿Q正传》（节选）、《记念刘和珍君》等不同文体的文章后，指导学生就三篇文章表现手法的异同进行比较分析，还进一步让学生对"鲁迅的杂文和小说创作风格"进行比较研究。三是选择一组文章，围绕一个中心，开展专题性的研究性学习。笔者认为要培养学生持久的研究兴趣和纵深的研究能力，最好是开展专题性的研究性学习。如《新编大学语文教材》上、下册的第四单元分别精选了一组中外现当代诗歌和我国古典诗词中的名篇佳作。就将这些经典名篇放在一起，作为一组文章，指导学生通过对这些经典名篇的赏析，就"诗歌中的意境"进行专题性研究。

（二）创设一定的问题情境

创设一定的问题情境是语文研究性教学的重要环节，因为语文研究性教学重在提高学生对文本反映的生活或现实生活思考和判断的能力，发现并确定具有探究价值的东西。教师通过充分利用材料，创设具体生动的问题情境，就能有效激发学生的学习兴趣和学习热情，引导学生充分地理解和运用语言，提高学生的语文能力和审美情趣。当然，在本模式中，大部分探究的问题是由学生来提出，但是教师在研究性学习中创设情境的导向作用是毋庸置疑的。教师所创设的问题情境一般可分两种：真实的和虚拟的。由于受教学环境的限制，上课所创设的情境往往是虚拟的。另外，创设问题情境还可以结合课文内容来确定。学生在语文学习中，往往会遇到大量的问题，教师和学生可从中筛选一部分确立问题去研究。

在本课题的研究实践中，笔者具体是从以下几个方面创设情境的。

1.图画再现情境

即充分采用插图、电影片段等方式，为学生提供鲜明生动的画面，以图导文、图文合一，启迪学生的思维，引发学生的想象，引导学生在图文并茂、情景交融的氛围中细细品味文字，大胆质疑。如讲授毛泽东的《水调歌头·游泳》时，笔者通过多媒体课件展示几幅毛主席当年畅游长江的真实照片和长江三峡的风光图片，并播放三峡大坝建设实景的专题片，使学生对词中所抒发的诗人迎着大风大浪前进的革命豪情和所描写的改造长江的宏伟图景有了更深的理解。

2. 生活显示情境

生活是语文学习最好的老师。"语文学习的外延和生活的外延相等"，创设生活情境，一方面可以把生活引入课堂，将那些与教材内容有关的有启迪作用的生活引进来，在这种思考中去感知教材的情感和道理，去发展学生的时空想象力，以收到"他山之石，可以攻玉"的奇妙效果。另一方面生活再现情境将学生引入大自然，引入社会。引导学生结合教材内容领略他们能观察到的大自然的方方面面。不仅可加深学生对教材的理解，还可以培养学生热爱自然、热爱家乡、热爱生活的深厚感情。

3. 音乐渲染情境

音乐是人类共同的语言，很容易引起学生情感上的共鸣。借助音乐语言，再现教材提供的情境，可紧紧抓住他们感情的动情点，以情入手、以情导情、情理兼顾。用音乐渲染情境，不仅有助于学生对教材的把握，对培养学生健康的审美情趣、抑制社会上那些乌七八糟的所谓艺术也是至关重要的。如学习《致橡树》一文时，笔者选取了世界名曲《爱的纪念》作为诗朗诵的配乐，使学生对诗人所宣扬的"平等、自由、和谐"的爱情主题有了更深入的理解。

4.扮演体会情境

就是师生共同扮演课文中的不同角色，去体验作品中的角色。扮演实际是一次再创造，学生在扮演过程中必须实现角色的转换，必须细细揣摩作品人物的每一个神态、每一个动作、每一丝心理波动，才能用丝丝入扣的感情、恰如其分的语言绘声绘色地将其朗读出来，给人一种如见其人、如闻其声、如现其情的身临其境的感受。如学习莫泊桑的小说《项链》一文时，通过学生分角色朗读全文，人物的形象更鲜明，主题更突出。

二、处理好接受式学习与研究性学习的关系

学校教育的重要功能之一就是传承人类文明，知识是文明的重要载体之一，在知识传授过程中，接受式学习发挥着极其重要的作用。在新经济时代，创新精神、实践能力得到空前重视，这是社会政治、经济、文化发展对教育的需求，是经济一体化的必然结果。但是，这并不等于说接受式学习就已经过时。厘清这一点的意义在于把研究性学习引进语文课堂，并不是放弃教师的责任，更不是视知识传授为敝帚。每一种学习方式，自有它存在的合理性与认识功能。学生在求知过程中是需要思想和情感相互激

荡的，能直接交流的接受式学习还是有它的独特魅力的。引进研究性学习并非要否定接受式学习，或贬低其功用，而是为了丰富语文课堂教学的模式，提高学生的综合素质。网络环境下的语文研究性教学模式，应让研究性学习与接受式学习有机融合，科学地将两者渗透于整个教学活动中。

三、要发挥好教师和学生在教学中的作用

作为学习活动的主体，学生是教学中的决定性因素，任何好的方法和教材都需要学生自己去尝试和使用。作为教学活动的主导者，教师要对学习活动进行全面的指导和帮助。网络条件下高校语文教学新模式能否从根本上取得预想的效果，一个很关键的要素就是看师生能否充分发挥各自在教学活动中的作用。

语文研究性学习强调学生的自主性，但并不是说不需要老师的指导，相反，对老师的指导提出了更高的要求。老师不但要指导学生选择恰当的课题，还要指导学生如何有效地收集相关材料，分类处理材料，提炼观点，和学生商量成果的展示形式。老师的指导应贯穿于研究性学习的全过程。老师应积极参与学生的研究性活动，指导学生研究性学习的方向，梳理研究思路，推荐好的研究方法，对学生的研究进行适当的点拨和校正。当然这些指导都须点到为止，绝不能越过界线。

四、构建网络化语文教学模式的原则

（一）切合学科特点原则

语文学科有语文学科的特点，虽然信息技术与语文学科的相互结合、渗透，使各要素都能发挥最大最优的效益，达到了优化教学过程、提高教学效率的目的，但是既然是整合课，重点还应落在语文教学上，应该回归到培养学生的语文素养上来，也就是学生"听说读写"基本能力的培养，更包括人文精神的培养。千万不能片面强调网络教学的表面作用，忽视母语对学生的熏陶感染作用，忽视许多语文作品的具体形象性和阅读表达中个人感受的独特性，把语文课上成信息技术课或其他什么课。

（二）辅助性原则

网络介入语文教学活动，其固有的超文本阅读，信息量丰富，交互性强，反响快速，储存量大以及集图、文、声、像于一体的技术特点为优化语文课堂教学，培养造就自主发展的人创造了有利条件。但不论网络资源多么丰富，信息技术多么先进，它在语文教学中也仅是一种工具，是辅助教学的手段，不可能成为包医百病的"灵丹妙药"。现代教育理论告诉我们，教学要注重学生认知方法的培养，教会学生学习，信息技术的运用应能引

导学生通过发现、探究和意义构建的途径获取知识。也就是说，教学手段

是学生进行发现、探究、认识社会和接受新信息并最终完成意义构建的工具。

语文教学中运用一切工具和手段的最终目的都是上好语文课，培养学生的

"听说读写"能力，发展学生的语文素养。因此，网络教学中要切实把握

好这个"度"，决不能主次倒置。

（三）个别化教学原则

传统教学中，学生学习水平与能力的差异是客观存在的，因材施教比

较困难，网络技术引入教学后，一对一的人机对话，使每个学生每时每刻

都能得到计算机的个别指导，并且每个学生都能得到所需的教学信息，既

能照顾学习水平差的学生，使之从容不迫、循序渐进地学习，又能满足学

习水平高、反应敏捷的学生，使之学得更快、学到更多，解决了学习好的

学生吃不饱与学习差的学生消化不了的矛盾，使各类学生达到分层递进、

各有所学，从而做到因材施教。

（四）主体性原则

网络资源及其手段应用于语文教学，其图文声像并茂的动态传播特点，

能激发学生的学习兴趣，启迪学生思维，为学生创造一个直观的学习环境。

但运用网络进行语文教学时要始终注意发挥学生的主体作用，因为素质教

育倡导帮助学生增强和发展其主体性，使其逐步成长为社会生活的行为主体。语文教学应该是培养学生主动探索知识、增强主体意识的过程。如果一厢情愿地使网络资源及技术充斥于教学的全过程，把学生当成可随意填塞知识的"容器"，学生的学习效率就会大大降低。

（五）自主性原则

在网络教学模式下，教学资源十分丰富，这为学生"自主发现、自主探索"的学习方式提供了良好的条件。学生不仅可以在教师的指导下掌握教学内容，还可以利用网络主动地获取无限的相关知识，并能不断地提出新问题，进行选择性学习，促进对已有知识的巩固。在这种环境下，学生自身的主动性、积极性和创造性会得到充分的发挥。因此，教学中必须突出这个原则。

（六）创造性原则

创造性原则有两方面的含义：一是要求教学方法有独创性，二是要求培养学生的创新能力。许多教师怀着对网络教学的满腔热情，寄希望于一个可供仿效的网络教学模式，这就违背了素质教育的创造性原则。如果教师仅利用现成的网络资源而不进行自己的再创造，抑或不知调整处置教材，不负责任地、无准备地把学生无序地推到网络面前，不仅让过多的信息把学生"淹死"，还会将语文教育带入混沌的状态。先进的教学经验之所以先进，是因为创造者自身的高素质。教师不但要努力提高自身素质，还要在运用网络技术教学中特别注重培养学生的创新能力，努力使学生视野开阔，思维活跃，多角度、全方位地思考问题。运用网络进行教学就要让它丰富的表现力引发学生无限的遐想，激发学生无穷的联想，使其思维高度活跃而激发主动探究的欲望，引发创新的火花。因此，在教学过程中应渗透认知教育、情感教育和人格教育，培养学生的思维能力、想象能力、创造能力以及个性、灵气等。

五、要处理好几个矛盾关系

互联网环境下的语文教学模式存在两个主要的矛盾关系：第一，突出现代教育技术时，不能淡化或忽视传统的课堂讲授环节。计算机网络虽然呈现很强的教学优势，但是毕竟是教学媒体，属于教学工具的范畴，利用它开展教学也有局限性，在组织教学与管理，发挥教学的情感因素等方面存在很大的困难。所以在使用网络进行教学的同时，也要注意发挥传统教学的特点和优势。第二，强调自主学习的同时，也要关注教学中的互动环节。语文教学作为一个动态过程，要求教师、媒介和学习者之间互为影响、彼此合作。因此，在教学过程中应针对不同的教学对象，充分发挥教

师与学生的主观能动性，通过人机互动、师生互动和学生互动的形式促进

相互交流，培养学生的语言交际能力。

第五节　网络化高校语文教学评价体系的构建

网络条件下高校语文教学模式，打破了地域和时空的限制，实现了双

向交互，延伸了语文学习的内涵，更新了学习的方式，而且能更好地培养

学生自主学习的能力，也锻炼了学生创新思维、解决问题的能力。为了全

面评价这种教学模式的效果，必须采用相关方式对其进行评价。

一、形成性评价、诊断性评价和总结性评价相结合

学生是学习的主人，学习本身是一个动态发展的过程。网络环境下的

情景创设，知识的意义建构以及人与人的协作关系都是随着时空的转变而

变化的。因此，在网络教学中，我们要充分利用网络反馈及时、管理方便、

省时省力等特点，对整个教学过程做跟踪监控、检测、指导。所以就要更

多采用形成性评价，关注教学活动中学生的学习兴趣、学习状态、学习态度、

应变能力以及影响学生学习的各种因素的变化，从中发现问题，及时反馈

给学生，并提出建议和补救措施。此外为了使网络教学更有针对性、预见性，

还需要对学习者进行诊断性评价。它一般被安排在教学设计前，是制定教学目标、组织教学内容、选择学习策略的依据。而总结性评价是关注整个阶段的教学结果，是为了获得教学工作总效果的证据。在整个教学过程中，应将这三种评价方法结合起来，以便更客观地对网络条件下的高校语文进行系统化的评价。

二、以自我评价为主，结合教师评价、小组评价等多种评价方式

基于网络环境下的教学模式，以建构主义为指导，主张自主学习，鼓励学生积极参与学习、研究，发挥首创精神，实现自我反馈。学习者每一次实现对原有认知结构的改造与重组，也就是完成了一次自我肯定、否定、再否定的辩证评价过程。网络教学强化了学习的自主性，为自我评价提供了强大的"硬件平台"，如集成化的学习环境，具有交互功能的学习资源等，有利于学习者明确具体的学习目标、培养个性化的方法，使学生由评价客体成为评价主体，提高学习的参与性，增强学生的评价能力，使学生和学习结果之间有更直接的联系。

三、根据评价目的和标准制定评价指标体系

教学模式的优劣、教学效果的好坏必须由合理的评价指标体系来评判。作为一种规范，评价体系是明确的、可以测量的和被观察的，其确立和教学目标相一致，而且其操作性要强。对于网络条件下教学模式的评价，应包括学生、教师、学习情景、协作、会话等方面。学生方面，要看其运用信息技术探索、学习和研究的能力是否得到了提高；是否具有团队精神，是否具有在网上相互交流和信息共享的协作学习能力；创造性解决问题以及知识外化的能力是否得到了提高。教师方面，要看制定的教学策略、教学方法是否有针对性，是否能有利于学生的自主学习能力和综合能力的培养；能否具有用现代教育技术对学习进行监测、管理、指导的能力。当然，教师评价和小组评价的作用也不容忽视。教师评价为学生对知识的意义建构提供了一种引导，而学习者之间的相互交流、协商、评价，可能引起各种层次和类型的文化碰撞、价值观碰撞以及思维碰撞，这有助于他们在认知层次上达到协同，从而提高教学效果，将三者有机结合在一起，可以使评价更科学、更合理、更客观。

第六节　网络化高校语文教学模式下应注意的问题

一、教师应积极转变观念

目前，"以学生为中心""以学生为主体"已成为语文教学中的重要指导思想，明显的例证就是，基于计算机网络的大学语文教学以及大学生自主学习已经成为大学语文教学改革的重点。虽然上述指导思想是我国语文界普遍接受的指导理论，但其对高校语文教学的影响却是有限的，尤其是在教师的教育观和教学理念方面。郝颖认为，高校语文普遍采用以教师为中心的传统教学模式，这种以教师为中心的传统教学观念已经不能适应时代的需要，必须向以学生为中心的教学观念转变。[①] 在新构建的模式中，教师应该积极转变教育观念，从课堂教学的主讲者变为学生学习的组织者、指导者。纵观教育的发展历程，任何重大的教育变革都是从教育观念的转变开始的。教学观念是教学行为的前提和基础，任何教学行为都是在一定的教学观念指导下进行的。现在，我们身处信息时代，没有合乎时代要求的教学观念，也就没有符合时代需要的教学行为。

[①]　郝颖：《高等教育理念创新与建设高等教育强国》，《商业文化（学术版）》2010年版第11期，第225页。

二、努力消除对网络多媒体教学认识上的误区

在对待语文教学现代化，改善教学条件的时候，往往存在一些认识上的误区。如有些人会过高估计多媒体网络辅助教学的作用，认为网络多媒体能解决教学中的一切问题；有些人由于对多媒体网络教学作用估计不足，产生失望情绪，甚至对多媒体网络教学全盘否定和排斥；还有些人对多媒体网络技术存在恐惧心理，特别是一些传统课堂经验丰富的语文教师，不喜欢在教学过程中使用复杂的技术手段。因此，教师要努力提高自己的信息素养，努力弥补在现代化网络多媒体技术认识上的不足，充分利用现代信息技术手段。

三、克服对硬件条件的过分依赖

谈及网络环境下语文教学的环境，许多人以为教学只能在专门的网络教室或语言实验室进行。其实不然，在校园网环境里，任何接入网络的计算机都可以通过一定的教学平台进行在线的学习和互动。各学校可根据自己学校网络信息化程度和学校硬件条件建设情况来确定硬件的投入。基础条件好的学校可以建立专门用途的语言多媒体自主学习室，条件稍差的也

可以在校园内如图书馆或多媒体教室访问校园网上的语文学习资源。基于

建构主义教学理念和现代化信息教育技术网络环境下的高校语文教学模式

内涵丰富，不仅包括教学过程中教师和学生教与学的观念、策略和信息素

养等软环境，还包括教学场所、计算机网络、教材等诸多硬件条件。这些

软硬件环境都可以以立体化的教材为载体加以统一。构建网络环境下的高

校语文教学模式，其核心是立体化教材的建设，有关其他相关因素的制约

则需要做进一步的研究。

参考文献

[1] 张永影.高职《大学语文》教学中融入美育的教学实践研究——以《琵琶行》教学为例 [J].湖北开放职业学院学报，2023（24）：170-172.

[2] 张馨允.论大学语文课程对新闻传播专业的重要性分析 [J].中国地市报人，2023（12）：87-88.

[3] 黄秀丽，柯聪.大学语文融入课程思政教学实践探讨——以长江工程职业技术学院课程思政建设为例 [J].长江工程职业技术学院学报，2023（4）：45-49.

[4] 高蕊.论课程思政在大学语文教学中的融入与体现 [J].辽宁高职学报，2023（12）：35-39.

[5] 丁志梅.课程思政视域下大学语文课程育人路径研究 [J].汉字文化，2023（24）：25-27.

[6] 司德琳."三教"改革背景下大学语文中华文化认同研究 [J].科教文汇，2023（23）：77-81.

[7] 李丹丹，何秀瑜 . 高职院校大学语文教学创新研究 [J]. 黑龙江教师发展学院学报，2023（12）：89-91.

[8] 李明 . 心理视域下的大学语文教学改革——以"空心病"为例 [J]. 湖北经济学院学报（人文社会科学版），2023（12）：151-153.

[9] 陈建华，陈冠中 . 提升大学语文教学情趣的理念和路径 [J]. 湖北经济学院学报（人文社会科学版），2023（12）：147-150.

[10] 陈维英 . 大学语文教学与语言文字应用能力培养分析 [J]. 汉字文化，2023（23）：23-25.

[11] 汪矜持 . 通专融合视域下大学语文课程思政建设的逻辑与价值引领体系构建 [J]. 汉字文化，2023（23）：26-28.

[12] 刘大勇 . 课程思政背景下传统文化教育在大学语文中的实践策略 [J]. 汉字文化，2023（23）：29-31.

[13] 庞飞 . 大学语文的会通与新变——第五届全国大学语文论坛论文综述 [J]. 汉字文化，2023（23）：3-5.

[14] 高源 . 文学与绘画融合创作美育研究——以运城幼师高专美术专业大学语文课程为例 [J]. 科教文汇，2023（22）：64-66.

[15] 王悦欢 . 文化自信背景下传统文化渗透大学语文课程的策略 [J]. 太

原城市职业技术学院学报，2023（11）：62-65.

[16] 祁伟. 中华优秀传统文化在教学中的融入路径探索——以高校"大学语文"课程为例 [J]. 太原城市职业技术学院学报，2023（11）：90-92.

[17] 袁媛. 高校语文课程教学档案信息化管理研究 [J]. 语文建设，2013（26）：72-73.

[18] 高宇琪. 如何在语文课堂教学中制造艺术氛围 [J]. 语文建设，2013（11）：19-20.

[19] 闫黎檬. 大学语文中的传统诗词教学意义及实践路径探析 [J]. 汉字文化，2023（22）：53-55.

[20] 王钰金. 教育信息化背景下高校混合式教学模式探索 [J]. 科教导刊，2023（5）：50-52.

[21] 覃基笙. 教育信息化背景下高校智慧教学模式实施策略研究 [J]. 齐鲁师范学院学报，2021（6）：29-34.

[22] 岳辉，闵建杰. 教育信息化背景下高校思政课"双主体"教学模式建构思考 [J]. 湖北职业技术学院学报，2020（1）：84-87.

[23] 张全亮. 大数据背景下基于学科融合的高校语文教学团队建设的新机遇与挑战 [J]. 高教学刊，2019（20）：59-61+64.

[24] 俞秀红，陈清华.大学语文 [M].南京：南京大学出版社，2018.

[25] 刘何.高中语文教学中的娱乐化现象及应对策略 [D].广州：广州大学，2018.

[26] 姚锡远，邹珉，邹满丽，等.大学生语言能力研究 [M].成都：西南交通大学出版社，2016.

[27] 胡春霞.教育信息化背景下高校远程教育教学模式改革研究 [J].成人教育，2016（6）：70-73.

[28] 关玉蓉.浅析计算机技术在高校语文教学中的应用 [J].语文建设，2015（27）：3-4.

[29] 陆跃伟.图式理论在新疆高校中亚留学生汉语阅读教学中的应用设计 [D].新疆：新疆师范大学，2011.

[30] 赵菲.成人高校大学语文审美教学现状与对策研究 [D].重庆：西南大学，2009.

[31] 于柱.高校大学语文教学的现状分析 [D].吉林：吉林大学，2005.